CONCESSION COLONIALE

Droits et Obligations en résultant

ÉTUDE SUR LA CONCESSION DE LA RIVE GAUCHE DE LA CASAMANCE

PAR

ALBERT COUSIN

Membre du Conseil Supérieur des Colonies

PRÉFACE de M. Emile FLOURENS

Ancien Ministre des Affaires étrangères, Président de Section au Conseil d'Etat, honoraire

PARIS

AUGUSTIN CHALAMEL, EDITEUR

17, rue Jacob, 17

LIBRAIRIE MARITIME ET COLONIALE

1899

CONCESSION COLONIALE

CONCESSION COLONIALE

Droits et Obligations en résultant

ÉTUDE SUR LA CONCESSION DE LA RIVE GAUCHE DE LA CASAMANCE

PAR

ALBERT COUSIN

Membre du Conseil Supérieur des Colonies

PRÉFACE de M. Emile FLOURENS

Ancien Ministre des Affaires étrangères, Président de Section au Conseil d'État, honoraire

PARIS

AUGUSTIN CHALAMEL, EDITEUR

17, rue Jacob, 17

LIBRAIRIE MARITIME ET COLONIALE

1899

PRÉFACE

La France a été jalouse de se faire son lot dans le partage du monde africain. Sa destinée l'y appelait.

La première œuvre à accomplir était la prise de possession des territoires sur lesquels l'activité des nations rivales ne nous avait pas devancés.

Il fallait ensuite donner à ces territoires une organisation au moins rudimentaire, tant au point de vue administratif et judiciaire qu'au point de vue de la défense.

A cet égard le principal a été fait.

Aujourd'hui, il faut pourvoir à la constitution économique de nos nouvelles possessions.

Sur ce point tout est encore à faire, et c'est le point essentiel, si la France veut être jamais rémunérée des sacrifices si importants en hommes et en argent qu'elle a consentis jusqu'à ce jour, si, surtout, elle veut faire une œuvre durable. Une nation, l'exemple de l'Espagne le prouve actuellement avec une évidence indéniable, ne peut espérer conserver, et n'a intérêt à conserver une colonie, que si elle lui assure constamment un développement économique en rapport avec les progrès du monde civilisé.

Le Gouvernement et le Parlement semblent comprendre l'importance du problème. Le Ministre des Colonies paraît disposé à consacrer tous ses efforts à en hâter la solution. S'il le fait, il aura rendu un service signalé à son pays.

Sans doute la question n'a pas échappé à ses prédécesseurs. Tous ont voulu, avec une égale bonne volonté, avec plus ou moins de justesse de vue, lui donner des solutions partielles. Mais, par suite de circonstances multiples qu'il serait trop long d'énumérer ici et qui, du reste, éclatent à tous les yeux, ils n'ont jusqu'ici procédé que par voie de tâtonnements. Leurs vues n'ont pas été convergentes, leurs efforts n'ont pas été méthodiques et concomitants et le résultat a été trop souvent de jeter l'incertitude sur les entreprises coloniales et le découragement sur les capitaux disposés à s'y consacrer. Encore une fois, notre intention n'est pas de diriger une critique contre les hommes qui ont successivement détenu le Sous-Secrétariat ou le Ministère des Colonies. Nous voulons seulement constater une lacune, en faire ressortir la gravité et comprendre l'urgence de la combler.

Il faut doter nos colonies d'un régime foncier. Il faut que chaque Français, dans la métropole, sache, avec précision et avec certitude, à l'aide de quelles formalités il peut acquérir dans nos possessions d'outre-mer un domaine dont il lui soit donné de jouir d'une manière incommutable, à l'abri de toute crainte de trouble ou d'éviction. Il faut définir avec précision, à quelles conditions toute société acquiert la faculté d'obtenir une concession dans nos colonies et quels droits exactement lui confère la concession obtenue, afin que les concessionnaires n'apparaissent plus comme les bénéficiaires d'une faveur gouvernementale, mais comme les collaborateurs indispensables de l'œuvre de mise en valeur du domaine colonial, dont les efforts doivent être en toute circonstance soutenus et encouragés par l'administration tout entière, car de leur prospérité dépend l'avenir et la prospérité même de la colonie.

La valeur d'une concession dépend beaucoup moins de l'étendue des territoires concédés ou de l'abondance des droits mis nominalement à la disposition du concessionnaire que de la netteté avec laquelle ces droits sont définis, des précautions prises pour les mettre à l'abri des empiètements et des déprédations des indigènes comme des rivalités des concurrents européens, des facilités ouvertes pour leur exercice, des garanties assurées pour leur conversation.

Donner et retenir ne vaut *est un axiome aussi vrai sur la terre d'Afrique que sur la terre de France. Qu'importe que l'article 1er concède les pouvoirs les plus étendus, si l'article 2 en restreint l'exercice dans des conditions telles qu'ils deviennent illusoires et permet, au sein même du territoire concédé, à la concurrence des rivaux de s'installer et de s'organiser. L'octroi devient alors frustratoire, le concessionnaire trompé sur sa valeur se lance dans des dépenses d'installation et de mise en valeur dont le fruit lui est enlevé, sans qu'il soit pourvu, par son contrat, d'armes suffisantes pour se défendre.*

Il faut que les obligations et les droits du colon vis-à-vis de l'indigène, de l'indigène vis-à-vis du colon soient définis, pour que l'administrateur local ne puisse pas, au gré de ses caprices ou de ses préférences personnelles, sacrifier les uns aux autres.

Il ne faut pas seulement défendre et protéger les hommes dont nous prenons en main le gouvernement, au nom d'une civilisation supérieure, contre les excès auxquels pourraient s'abandonner les nouveaux occupants dans la poursuite d'un gain trop rapide, il faut aussi garantir les richesses naturelles du pays contre les abus de jouissance de toute sorte qui détruiraient rapidement les précieuses réserves de l'avenir. Il faut se hâter de ne permettre qu'une exploitation méthodique, scientifique qui décuplera rapidement ces richesses au bénéfice indéfini de tous, concessionnaires, comme indigènes, comme gouvernement lui-même.

Il faut enfin, pour faire face à toutes les exigences de la situation que nos récentes et glorieuses conquêtes nous ont faite, une réglementation assez large et assez souple pour se plier aux territoires si divers sur lesquelles elles s'étendent, pour admettre tous les amendements que les différences de coutumes locales, de mœurs, de nature de cultures, de variétés d'exploitation peuvent nécessiter.

La concession des forêts de la rive gauche de la Casamance à laquelle M. Albert Cousin a consacré une étude si sincère, si approfondie, si vécue et par suite si instructive à tous les points de vue, est la première accordée par l'Administration des Colonies sur la Côte occidentale d'Afrique. C'est, par conséquent, celle qui compte le plus grand nombre d'années d'existence et dont l'histoire, assez mouvementée hélas quoique bien courte, peut donner le plus d'utiles enseignements.

« Quindecim annos, grande mortalis ævi spatium » *quinze ans, longue période pour la vie humaine, disait Tacite, la concession de Casamance n'a encore vécu que dix ans et pourtant le récit loyal, sans parti pris et sans amertume, des péripéties multiples qu'elle a subies est fertile en utiles enseignements, en leçons qu'un Ministre des Colonies pourrait fructueusement méditer.*

Le territoire concédé était d'une étendue non exagérée mais très suffisamment vaste, les habitants étaient assez nombreux, point hostiles, accoutumés assez généralement aux opérations qu'on leur demandait et parfaitement aptes à les remplir, sans fatigue et à la satisfaction générale; la nature donnait une voie de communication ouverte à toutes les époques de l'année, facile et à bon marché, le sol fournissait abondamment un des rares produits coloniaux dont le prix, loin de baisser, a toujours été en hausse dans ces dernières années. Enfin la Compagnie concessionnaire, non contente de constituer immédiatement et sans effort le fonds social fixé par le cahier des charges, versait, sans ménagement, pour les frais d'installation et de mise en valeur, des sommes trois et quatre fois supérieures.

Dans ces conditions, le succès semblait certain, il devait être rapide et de quel heureux effet eût été ce succès pour encourager les capitaux à se porter vers des exploitations analogues.

Le succès vint en effet. Il fut rapide, mais hélas, il souleva des rivalités, des jalousies, des hostilités mesquines qui entraînèrent la déconfiture de la Société trop confiante dans l'application équitable des clauses de son cahier des charges.

Je ne veux point ici refaire cette histoire. J'aime mieux laisser la parole au concessionnaire lui-même. Nul, mieux que lui ne saurait redire les péripéties multiples qu'il a subies, les épreuves qu'il a su supporter sans se laisser décourager quoique le malin génie de la jalousie s'ingéniât sans cesse à briser entre ses mains le fil qu'il renouait sans relâche. Son témoignage est trop documenté et a un trop évident accent d'absolue sincérité pour ne pas parler assez haut par lui-même, et peut-être, en essayant de refaire le récit de ses tribulations, je ne saurais pas conserver le ton d'humoristique indulgence qui en fait le cachet original, et en augmente l'autorité.

Le cahier des charges de la concession des forêts de la rive gauche de la Casamance est inspiré par d'excellentes intentions et contient de sages dispositions qui ont été, depuis lors et à bon droit, reproduites dans les cahiers des charges des concessions subséquentes. Mais, sur certains points importants, ces clauses ne sont pas assez précises, elles laissent trop de place à des interprétations qui, à certaines époques que nous ne reverrons plus, nous en sommes convaincus, ont été loin d'être bienveillantes.

Le cahier des charges s'attache à protéger les habitations, les propriétés, les cultures des indigènes préexistantes à la concession. Cette pensée honore celui qui l'a conçue, elle est sage, elle est tout à fait dans le génie français. Mais il ne s'occupe pas de défendre la forêt contre les habitudes nomades du noir, contre les goûts de déprédation, contre les défrichements capricieux et dévastateurs par le fer et par le feu. Il ne garantit pas le concessionnaire contre la rivalité d'une maison jalouse qui vient fonder sa concurrence au centre même de la concession dans les territoires et villages réservés aux indigènes.

Ce défaut de précision dans la détermination des zones conservées aux agglomérations indigènes préexistantes et les conséquences que certaines hostilités ont su en faire découler, ont été les principales sources des difficultés d'une Société qui a, personne ne peut le contester, beaucoup dépensé et utilement dépensé dans la concession, et en a déjà visiblement accru la valeur. A ce titre, elle aurait dû rencontrer tous les encouragements et tous les appuis de l'Administration. Si dans le passé il n'en a pas toujours été ainsi, nous ne rappelons ce passé que pour en tirer un enseignement profitable pour tous et pour affirmer de nouveau notre confiance que ce passé ne se renouvellera plus grâce au nouvel esprit qui règne chez nos administrateurs coloniaux.

Les lacunes du cahier des charges peuvent être facilement comblées dans les contrats futurs et réparées dans le contrat présent par l'équitable interprétation que nous attendons de la haute direction des affaires coloniales.

Tout le monde comprend aujourd'hui que les Compagnies concessionnaires loyales, actives et solvables sont les plus puissants instruments du développement colonial et que personne plus que le Gouvernement lui-même n'est intéressé à leur prospérité.

L'ère des persécutions mesquines est passée.

Le livre de M. Albert Cousin arrive à son heure et nulle lecture ne peut être plus fructueuse pour ceux qui dans le Gouvernement, le Parlement ou l'Administration ont à cœur l'heureuse solution du grand problème de développement colonial qui se pose actuellement devant notre pays.

FLOURENS.

ÉTUDE SUR LA CONCESSION DE LA RIVE GAUCHE DE LA CASAMANCE

La Concession de la rive gauche de la Casamance ayant été très difficilement utilisée, il est nécessaire, au moment où un nouvel essai de son exercice est tenté, d'examiner l'étendue des droits qu'elle confère, ainsi que des obligations qu'elle impose.

Après avoir fait l'historique de cette concession, j'analyserai son cahier des charges, puis au milieu de considérations j'essaierai de conclure.

PREMIÈRE PARTIE

HISTORIQUE DE LA CONCESSION

Décrets.

Par décrets présidentiels des 14 août et 26 décembre 1889 (annexe II), concession m'a été accordée du droit d'exploiter durant cinquante ans les forêts de la rive gauche de la Casamance. (Carte. — Annexe 1).

Avantages.

Le cahier des charges annexé aux décrets stipule les *avantages* suivants :

1° — Le concessionnaire a le droit d'exploiter pendant une durée de cinquante ans, et à l'exclusion de tout autre concessionnaire, les forêts de la rive gauche de la Casamance (art. 1);

2° — Il peut exploiter les forêts suivant le régime à son choix ; il a la faculté d'effectuer les déboisements qui lui paraissent nécessaires, de créer des plantations nouvelles et, en un mot, d'assurer comme il l'entend la mise en valeur des territoires occupés (art. 4);

3° — Il a le droit d'ouvrir des routes, de créer des voies de communication en respectant les propriétés des indigènes, d'aménager des portions de forêts contiguës ou séparées, de les enclore par des barrières, d'y élever les constructions nécessaires à l'exploitation et d'y créer des centres habités (art. 5);

4° — Il peut céder, avec l'autorisation du Sous-Secrétaire d'État des Colonies, son droit d'exploitation sur les portions de forêts qui auront été aménagées et mises en valeur comme il vient d'être dit à l'article précédent, mais à la condition de verser à l'État, à titre de redevance, la moitié de la somme constituant le prix de la cession (art. 6).

5° — La Société formée suivant les prescriptions de l'article 7 par le concessionnaire peut céder ses droits, les sous-louer ou en faire apport à une autre personne ou Société. Mais ces cession, sous-location, ou apport ne seront valables qu'après ratification par le Département (art. 7).

6° — A l'expiration de la concession, le concessionnaire pourra conserver comme lui appartenant en propre par prescription, les terres ou forêts qui auront été aménagées par lui (art. 12).

Charges et Obligations.

Les *charges et obligations* imposées par le cahier des charges sont les suivantes :

1° — Le concessionnaire doit s'abstenir de toute exploitation dans la partie des forêts distante de moins de deux kilomètres des villages et d'un kilomètre des surfaces cultivées par les indigènes.

D'autre part, la concession ne s'applique qu'aux forêts qui ne sont pas l'objet d'une exploitation régulière et normale de la part des indigènes, sauf dans le cas d'une entente entre le concessionnaire et les indigènes intéressés.

Restent, également, en dehors de la concession, toutes les forêts ou parties de forêts sur lesquelles les indigènes auraient des droits de propriété formellement reconnus.

Dans tous les cas, sur les points où ils sont établis, les indigènes peuvent continuer à exercer les servitudes des forêts dont ils jouissaient antérieurement, sans gêner toutefois l'exploitation commerciale du concessionnaire.

Tout acte contraire aux stipulations qui précèdent, devant entraîner de plein droit le retrait de la présente concession (art. 2);

(Cet article se trouve atténué par l'article 3 de l'avenant du 20 août 1894 ci-après indiqué).

2° — Le concessionnaire exécute à ses frais tous les travaux auxquels l'exploitation donne lieu.

Il prend, à ses risques et périls et sans pouvoir réclamer le concours de l'État, toutes les mesures nécessaires à la sécurité de l'exploitation et à la protection de ceux qui y seraient employés (art. 3);

3° — Le concessionnaire doit constituer une Société anonyme ou en commandite au capital de 500,000 francs.

Le Conseil de cette Société doit comprendre uniquement des membres français.

Le personnel européen nécessaire pour assurer l'exploitation doit être exclusivement composé de personnes de nationalité française (art. 7);

4° — Le concessionnaire doit verser au profit du budget du Sénégal une redevance fixe de 5,000 francs par an, cette redevance ramenée à mille francs pour les dix premières années, avec faculté laissée au Département de réduire ce chiffre de moitié ou plus pendant cette période décennale si la nécessité lui en paraît démontrée (art. 8).

Et une somme proportionnelle en raison de la quantité de bois exportée (Charge supprimée par le décret du 20 août 1894).

5° — L'interruption de l'exploitation pendant un an, par le fait du concessionnaire, à quelque époque que ce soit, entraîne de plein droit sa déchéance.

Il en est de même en cas de non payement constaté des redevances (art. 9);

6° — La déchéance est prononcée par le Sous-Secrétaire d'État des Colonies.

Le concessionnaire ne pourra prétendre à aucune indemnité pour les travaux qu'il aura exécutés.

Le cautionnement déposé par lui deviendra la propriété de l'État.

Il devra, dans le délai d'un an à compter de la notification de l'arrêté de déchéance, enlever à ses frais le matériel lui appartenant.

Faute de l'enlèvement dans ce délai, le matériel sera repris gratuitement par l'État (art. 10);

7° — Pour garantie des obligations qui précèdent, le concessionnaire a déposé un cautionnement de 10,000 francs à la Caisse des dépôts et consignations (art. 11).

Esprit des décrets.

Ces décrets des 14 août et 26 décembre 1889 sont loin d'être parfaits. Mais il ne faut pas oublier que, durant ce siècle, ils sont les premiers qui concèdent de vastes territoires. Leur rédaction témoigne du souci de donner au concessionnaire les plus grandes facilités dans son exploitation, et tout à la fois de l'obliger, tant à respecter les droits de tiers qui auraient des exploitations régulières, qu'à prendre toutes dispositions pour que ses travaux ne gênent pas les indigènes.

Voilà l'esprit des décrets, et le Gouvernement, sauf pendant le passage de M. Chautemps au Ministère des Colonies, en a toujours été pénétré. Aussi a-t-il écouté avec bienveillance les doléances que nous avons été amenés à lui faire, et s'est-il efforcé, tant par un décret ci-après relaté que par des instructions au Gouverneur du Sénégal, de prendre les dispositions nécessaires à l'effet de concilier la possibilité pour le concessionnaire d'exercer les droits qu'il avait entendu lui conférer, avec le maintien de tout ce dont les tiers et les indigènes profitaient au moment de la concession.

Le Gouvernement a-t-il atteint son but? Ce qui nous est advenu et que je vais relater, va permettre d'en juger.

Formation de la 1re Société.

Conformément aux prescriptions du décret, je constituai le 16 janvier 1890 une Société anonyme au capital de 800,000 fr., avec siège social à Marseille, et ayant pour titre « *Compagnie Commerciale et Agricole de la Casamance* ». Peu de jours après, l'Administrateur-directeur, plusieurs actionnaires et moi, qui ne suis qu'Administrateur délégué auprès des Administrations, nous nous embarquons pour la Casamance où nous sommes très bien accueillis tant par les Européens que par les indigènes. Il n'existe alors d'autres comptoirs que ceux de MM. Blanchard, de Marseille, apportés à la Société; ceux de MM. Maurel et Prom, et ceux de MM. Maurel frères. Les chefs des villages que nous visitons reconnaissent sans aucune difficulté les droits de la concession, et dans nos palabres ils envisagent même celle-ci comme étant un bienfait pour le pays. C'est surtout dans la région provenant d'un échange consenti par le Portugal en 1888, que nous constatons ces excellentes dispositions. L'indigène, beaucoup plus intelligent qu'on ne le suppose en France, a le pressentiment qu'une exploitation européenne lui sera utile. Peu lui importe que le blanc réussisse ou ne réussisse pas ; ce noir pour qui le Gouvernement a une tendresse d'aïeul estime que c'est à lui que profiteront en grande partie, si pas en totalité, les sacrifices du concessionnaire. Quant aux terrains il ne lui vient pas à l'esprit qu'ils puissent avoir une valeur, car il en prend suivant ses besoins et suivant sa fantaisie; la forêt est si immense ! Il serait donc bien étonné d'apprendre que le Gouvernement a pris tant de soin pour le protéger contre le concessionnaire que, jusqu'au jour où il aura été suggestionné par un blanc malintentionné, si pas par l'administrateur colonial lui-même, il considérait comme un protecteur, comme un allié. Mais alors, à partir de ce jour là, il sera insupportable, il exagérera ses droits, surtout, si comme cela est advenu, il est soutenu par l'administration toujours prête à donner raison à l'indigène contre l'Européen.

Au cours de notre premier voyage, nous étudions le pays, puis nous commençons notre organisation commerciale et agricole.

Zighinchor étant presque au milieu de la berge des pays concédés, et de plus ne possédant qu'une seule construction européenne, laquelle consiste en un magasin à arachides appartenant à MM. Maurel frères, mais délaissé par eux, nous décidons d'y construire une factorerie commerciale et agricole que nous destinons au directeur futur de nos exploitations. C'est sur un terrain acheté peu de temps avant la formation de la Société par MM. Blanchard de Marseille, nos prédécesseurs, que nous décidons de construire notre factorerie. Pour commencer l'exploitation agricole, nous choisissons un terrain sis tout près de Zighinchor, au lieu dit « Kandé ».

Quand en Mai 1890 nous rentrons en France, nous sommes sous le premier mirage africain. De plus, nous sommes persuadés que toute la rive gauche de la Casamance est à notre disposition entière, et que nos exploitations ne pourront avoir d'autres difficultés que celles inhérentes à toute production. **Illusions.**

Mais peu de temps après, nous apprenons que le Conseil général du Sénégal qui, jusqu'en 1889, s'était désintéressé complètement de la Casamance, commençait à s'émouvoir relativement à notre concession. En effet, dans le supplément du Journal Officiel du Sénégal de 1890, Compte-rendu des séances du Conseil général du Sénégal, session ordinaire de Décembre 1890, pages 55 et 56, paraissait la note suivante : **1res Hostilités du Conseil général du Sénégal.**

Concession de terrain dans la Casamance

« La commission coloniale a cru devoir s'élever contre les concessions de terrains faites directement par le Département dans la Casamance, lorsque les actes de l'espèce ont toujours été pour tout le territoire colonial, régis par les pouvoirs locaux. Elle a fait observer que la Casamance dépend du Sénégal proprement dit et non des Rivières du Sud, que des arrêtés y réglementent la matière en indiquant d'une manière précise toutes les conditions à remplir. Or, il n'est pas possible que ces textes soient observés par les uns et violés par les autres.

« Elle a émis le vœu que l'Administration porte ses observations à la connaissance du Département en vue de faire régulariser les concessions visées. »

Cet avis n'avait pas pour résultat auprès de nous d'affaiblir l'idée que nous avions de nos droits sur la rive gauche de la Casamance; bien au contraire. Mais il nous faisait pressentir les tracasseries dont nous devions être bientôt l'objet.

Au reste, il commençait à nous arriver aux oreilles que nous étions fort critiqués au Sénégal de nous installer à Zighinchor (1). L'argument du délaissement par MM. Maurel frères de leur établissement nous était ressassé. Puis, quand nous faisions des pépinières de caoutchouc et de café à Kandé, nous étions l'objet de tous les sarcasmes possibles. Comme ceux-ci n'avaient aucun effet auprès de nous, nos agents furent entrepris et malheureusement l'ironie eut plus de prise sur eux.

Malgré tout cela, l'année 1890 nous donna des résultats bénéficiaires qui dépassaient nos espérances. L'année 1891 fut encore bien meilleure.

Charte entrevue.

Or, à cette époque, les pouvoirs publics parurent disposés à accorder des chartes pour l'exploitation des colonies nouvelles, et nous fûmes avisés officieusement que la Casamance qui forme une enclave entre la Gambie anglaise d'une part, et la Guinée portugaise d'autre part, avait les plus grandes chances d'être choisie la première pour l'expérimentation du système des chartes. Mais l'on nous avisa en haut lieu que la Casamance serait d'autant plus désignée

(1) Janvier 1899. Zighinchor est devenu un centre commercial important. Cinq maisons de commerce européennes y sont installées.

pour cette première expérimentation que la Compagnie Commerciale et Agricole de la Casamance aurait acheté les deux seuls comptoirs concurrents, c'est-à-dire ceux de MM. Maurel et H. Prom, et ceux de MM. Maurel frères, et que par suite, elle serait seule à opérer dans le pays. Nous fûmes vite acquis à cette idée, et si nous le fûmes si facilement, c'est qu'en 1891, MM. Maurel frères ayant conclu un marché de roniers avec le gouvernement du Sénégal, ils avaient fait une large coupe à Térinbas dans la forêt de roniers qui se trouve comprise dans notre concession. Les protestations que nous faisions successivement auprès de l'administration locale et du gouvernement du Sénégal restaient sans effet sous le prétexte que MM. Maurel frères étaient installés en Casamance bien avant le décret de concession, et qu'ils avaient l'habitude de faire chaque année des coupes de roniers.

Acquisition des factoreries M. H. P. et M. F. Suppression de la concurrence.

En Octobre 1891, nous achètions donc les comptoirs de MM. Maurel et H. Prom, et de MM. Maurel frères en Casamance, c'est-à-dire tout leur actif en Casamance, comprenant immeubles, fonds de commerce, flotille, matériel et marchandises. C'est ainsi que nous nous trouvâmes propriétaires de très importants immeubles faisant triple emploi à Sédhiou, où nous avions déjà l'ex-factorerie Blanchard, doublé emploi à Zighinchor où la factorerie et le warf que nous avions installés nous étaient revenus à 48.267 fr. et double emploi à Carabane où, en 1890 et en 1891, nous avions construit une factorerie et un warf qui nous avaient coûté 88.884 fr.

Augmentation du capital.

En Novembre 1891, la Compagnie Commerciale et Agricole de la Casamance élevait son capital à deux millions sans le

Absence de concurrence.

concours de banquiers et tout simplement par des souscriptions faites par les premiers actionnaires, par leurs parents et par leurs amis.

La Compagnie n'a plus de concurrents en Casamance, et elle se trouve par suite en bonne posture pour qu'une charte lui soit octroyée le jour où le Gouvernement entrera dans la voie désirée par le monde colonial de la métropole. Elle considère que dans tous les cas elle est devenue bien maîtresse de la Rive gauche de la Casamance et qu'en vertu de l'exclusion stipulée par l'article 1er de son cahier des charges de tout autre concessionnaire, elle n'a plus à craindre qu'il s'établisse jamais une concurrence sur les territoires concédés.

Ne voulant pas abuser du monopole qu'elle se trouve avoir en fait, la Compagnie n'augmente pas les prix de ses marchandises. Bien au contraire, elle les baisse sensiblement, ce qui ne l'empêche pas de réaliser pendant l'année 1892 184.272 fr. 15 de bénéfices nets. Ses nombreuses transactions apportent dans le pays une prospérité inconnue jusqu'alors.

(Voir à l'appui de cette affirmation le rapport de M. le Directeur de l'Intérieur du Sénégal, page 287 à 289 du supplément du Journal Officiel du Sénégal de 1893 — annexe V — la statistique des produits sortis de Casamance.

Animosité du Conseil général du Sénégal.

Chose incompréhensible au premier abord, le Conseil général du Sénégal est animé des plus mauvaises dispositions à l'égard de la Compagnie Commerciale et Agricole de la Casamance, quoiqu'elle soit la cause de la progression énorme des recettes douanières. Il suffit de parcourir les procès-verbaux des séances du Conseil général du Sénégal pour être convaincu de l'animosité de celui-ci vis-à-vis de la Compagnie. Ainsi, à titre d'exemple, je relève le passage suivant, page 188 du supplément du Journal Officiel du Sénégal de 1891, session ordinaire du Conseil général :

« La commission estime qu'il n'y a pas lieu de prévoir dans notre budget un crédit pour le balisage de la Casamance ; la Compagnie qui est propriétaire de cette partie de notre colonie avec tous privilèges, peut bien se charger de ce travail ».

En 1892, le Conseil général frappé du grand rendement des douanes en Casamance est pris de scrupule ou plutôt de crainte. Il redoute que cette colonie dont la prospérité est si manifeste ne lui échappe. Aussi, dans sa session ordinaire, il vote la somme de 20,000 francs. Mais, ainsi que le constate le procès-verbal de la séance du 29 décembre 1893 (page 408 du supplément du Journal Officiel) ce crédit n'est pas employé. Il n'était cependant pas besoin de beaucoup de bonne volonté pour utiliser cette faible somme dans une colonie qui a été si longtemps abandonnée à elle-même.

Achat de terrain. Jardin d'essai 1892.

En 1892, la Compagnie abandonne Kandé, et décide d'installer son jardin d'essai agricole à Mangacounda qui, sous différents rapports, paraît devoir mieux convenir. Mais pour aborder au meilleur endroit elle achète, suivant contrat en date du 6 octobre 1892 visé par l'Administrateur de Carabane, le terrain et la case qui s'y trouvent. Elle défriche, elle construit une maison et elle installe un jardin d'essai où elle met des plants de tous genres. Ses essais réussissent très bien et très vite.

Clause d'exclusion violée. Nouvelles concessions 1892-1893.

En novembre 1892, la Compagnie française de l'Afrique occidentale envoie en Casamance deux agents et elle achète à Carabane (pays se trouvant hors du périmètre de la concession) un terrain proche de notre factorerie nouvelle. Puis, au commencement de 1893, ces deux employés se rendent dans les grands centres de la Casamance pour annoncer aux indigènes la prochaine installation de leur Compagnie. Quoique débiteurs, par suite d'avances faites pour l'ensemencement, les cultivateurs d'arachides ne se décident à nous livrer leurs graines que lorsqu'ils ont reconnu l'impossibilité pour nos futurs concurrents d'être installés avant la fin de la campagne commerciale, c'est-à-dire avant la saison d'hivernage. Mais les pluies arrivent, nos graines sont en grande partie avariées. C'est le commencement des grosses difficultés.

Fin 1892 et commencement de 1893, la Compagnie française de l'Afrique occidentale et la Société de Flers-Exportation sollicitent et obtiennent chacune de l'Administrateur colonial de la Casamance la concession provisoire d'un terrain sis à Zighinchor. Nous protestons auprès du Sous-Secrétaire des Colonies, et le 3 juin 1893, nous adressons au Gouverneur du Sénégal notre réclamation accompagnée d'une consultation délivrée le 31 mai 1893 par Me Panhard, avocat au Conseil d'État et à la Cour de Cassation, consultation qui conclut à un privilège exclusif pour la Compagnie de Casamance sur les territoires situés sur la rive gauche de la Casamance, entre le Marigot de Cajinolle et la frontière Mandingue (Lettre et consultation : Annexes VII et VIII).

M. le Gouverneur du Sénégal, quoique nous fussions en excellents termes avec lui, ne nous répondit pas. Mais quand en septembre 1893 il vint à Paris, il reconnut verbalement que nos réclamations étaient fondées, que l'interprétation du cahier des charges lui paraissait devoir attirer au gouvernement des difficultés, et il entretint de la question M. le Sous-Secrétaire d'État aux Colonies. Nous eûmes l'honneur de voir celui-ci à différentes reprises et de l'entretenir des difficultés qui nous étaient suscitées. Satisfaction semblait devoir nous être donnée, quand un changement de ministère ajourna la solution.

En attendant, les concessions étaient accordées à la Compagnie française de l'Afrique occidentale et de Flers-Exportation par le Conseil général du Sénégal qui avait la prétention de disposer des zones réservées par l'article 2 de notre cahier des charges au profit des indigènes.

Manœuvres pour enserrer établissement agricole.

Là ne s'arrêta pas la violation de notre concession. Suivant contrat en date du 24 avril 1893 visé de l'Administrateur de Sédhiou, un Européen qui était notre débiteur acheta moyennant 500 francs de sept indigènes qui se prétendaient propriétaires, tous les terrains bordant ceux de notre établissement agricole de Mangacounda. Ce contrat fut signifié à notre agent agricole par l'Administrateur de Sédhiou qui, sans dissimuler la joie qu'il éprouvait, lui défendit de continuer les défrichements. Bien heureusement notre débiteur finit par nous céder en paiement ce terrain.

Fausses appréciations du Conseil général

Chose bizarre, alors que les faits constatent la difficulté que nous avons à empêcher les atteintes à nos droits, le Conseil général continue dans ses discours à attribuer à notre concession une importance qu'elle n'a pas. Ainsi, voici ce que dit le Vice-Président (page 183 du supplément du Journal Officiel du Sénégal, session de 1893) :

« Je suis d'autant plus désireux de faire aboutir les diverses propositions qui nous sont faites, que la situation actuelle de la Casamance nous invite à prendre des mesures afin de préserver les autres rivières du régime des privilèges et monopoles.

« Chacun de vous, Messieurs, sait, en effet, que cette importante rivière du sud est devenue, en quelque sorte, la propriété d'une Compagnie puissante qui pourra l'exploiter à son gré, au grand détriment de ses habitants.

« En établissant un service régulier entre les villes de la colonie et la possession du sud, nous pouvons être assurés de la liberté des transactions — toutes ces rivières étant ouvertes au commerce — et nous n'aurons plus à constater des privilèges au profit de certaines Compagnies. »

Démoralisation du personnel.

Malgré les entraves qui lui sont prodiguées, la Compagnie Commerciale et Agricole de la Casamance fait encore en 1893 la plus grande partie des exportations de produits (Voir Statistique, annexe VI), mais au prix de quels sacrifices ! Notre personnel est démoralisé, notre agent agricole a la sottise d'être sensible aux ironies dont il est l'objet de la part des employés des maisons concurrentes, d'une partie de nos employés et même de l'Administration. Il est de bon goût en Casamance de dire qu'il n'y a rien à faire en agriculture, et que ce pays a déjà trop de caoutchouc ! C'est alors que commence le gâchis si désiré.

Tentative de nouveaux impôts.

Les vexations de tout genre continuent ; ainsi, en juin 1894, nous apprenons que l'Administration de la Casamance trouvant que les droits énormes que nous payons pourraient être encore plus élevés, réclame à notre Compagnie 75 francs par traitant employé par elle. Comme nous occupons environ 200 traitants, nous serions frappés d'un nouvel impôt de 15,000 francs. Or, à notre connaissance, aucun décret ni même aucun arrêté du Gouvernement n'a décidé cet impôt. Nous donnons donc ordre à notre agent général de se refuser à ce paiement, et immédiatement nous portons les faits à la connaissance de M. le Ministre des Colonies, et le nouvel impôt n'est plus réclamé.

La Compagnie n'ayant pas encore satisfaction relativement à l'empiètement sur les territoires de notre concession, l'Assemblée générale des Actionnaires du 22 juin 1894 émet le vœu de voir modifier notre cahier des charges, vœu qui est transmis à M. le Ministre des Colonies. (Annexe IX.)

Vœu de l'assemblée générale.

Enfin, par décret rendu par M. le Président de la République le 20 août 1894 (annexe III), le cahier des charges de la concession est modifié conformément aux dispositions nouvelles insérées à l'avenant suivant :

Décret modifiant cahier de charges 1894.

ARTICLE PREMIER.

La concession accordée à M. Cousin (Albert) par les décrets des 14 août et 26 décembre 1889 pour l'exploitation des forêts de la Casamance est étendue, dans les conditions indiquées au cahier des charges annexé à ces décrets, à tous les terrains compris dans les limites de ladite concession, et notamment à ceux qui bordent la rive gauche de la Casamance.

Le long de la rive gauche de la Casamance, les terrains que le concessionnaire aura mis en valeur et qui lui seront concédés à titre définitif, conformément à l'article 12 du cahier des charges, ne pourront avoir un développement ininterrompu dépassant quinze kilomètres pour chaque parcelle, les parcelles pouvant, au gré de l'Administration, demeurer distantes de deux kilomètres entre elles.

ART. 2.

Le concessionnaire s'engage à n'apporter aucune entrave à la culture et à la récolte des produits sur les territoires compris dans le périmètre de sa concession ; à respecter les exploitations déjà existantes appartenant à des tiers ; de même que tous droits de propriété résultant de contrats valablement établis ; enfin à n'apporter aucune restriction à la liberté du commerce, qui reste entière, aussi bien pour les indigènes que pour les Européens.

ART. 3.

Dans les limites des réserves constituées au profit des indigènes par l'article 2 du cahier des charges annexé à sa concession primitive, le concessionnaire pourra, à l'exclusion de tout autre acquéreur ou concessionnaire, obtenir des indigènes, à telle condition que de droit, la cession volontaire des terrains dont il entreprendra l'exploitation. Il devra justifier, à cet égard, auprès de l'Administration, de contrats régulièrement conclus.

ART. 4.

Les bois exportés par le concessionnaire acquitteront les droits à la sortie en vigueur dans la colonie, mais seront exemptés des taxes spéciales imposées par le cahier des charges primitif.

Formation de la Cie Franco-Africaine.

Ce nouveau décret consolide notre concession, mais les difficultés commerciales nous obligent à entrer dans le groupement de plusieurs entreprises coloniales qui constituent en octobre 1894 une Société ayant pour titre « *Compagnie Coloniale franco-africaine* » et opérant tout le long de la côte occidentale, de Dakar au Congo Portugais et de Dakar au Soudan Français.

Je pars en décembre 1894 pour inspecter les comptoirs de la nouvelle Compagnie, et pendant mon absence une violente campagne est engagée contre les concessions coloniales. A la Chambre des députés, séance du 28 février 1895, M. Couchard, alors député du Sénégal, avocat à Saint-Louis, porte contre l'ancienne Compagnie, et contre la concession des allégations erronées.

Campagne contre les concessions coloniales 1895.

L'extrait suivant de cette séance publié par le Journal des Débats hebdomadaire N° 59, du 9 mars 1895, donne toute édification sur les attaques dont nous sommes l'objet :

« **Chambre des députés**

« *Séance du jeudi 28 février.*

« M. COUCHARD vient examiner la question des concessions faites à diverses Sociétés coloniales et se plaint que ces concessions soient de véritables monopoles qui en respectant les établissements commerciaux déjà existants, empêchent toute extension nouvelle, toute création de nouveaux comptoirs. Il cite à l'appui un fait qui se serait passé en Casamance :

« En 1889, une concession a été donnée par le Ministère des Colonies à M. Cousin, qui a formé une Société non française, pour faire le commerce, créer des centres agricoles et des entreprises industrielles dans la Casamance.

« Quand cette Société est allée prendre possession de sa concession, la Compagnie de la Côte occidentale d'Afrique, dont la maison principale est à Marseille, est venue s'installer à côté d'elle.

« Les deux Sociétés se sont trouvées en concurrence commerciale et les indigènes ont bénéficié de cette situation. La Société de Casamance n'a pas fait d'aussi brillantes affaires que la Compagnie Française.

« Et voici ce que je lis dans un rapport officiel de M. Cousin :

« Outre ces mécomptes, nous avons eu à supporter les effets de la concurrence que nous a faite une Compagnie très puissante, qui est venue s'installer en Casamance ».

« Et plus loin :

« Quand nous avons vu se développer cette concurrence en Casamance, nous avons fait tous nos efforts pour empêcher son développement ».

« Et le rapport se termine par ces mots qui expliquent la portée du passage que je viens de citer :

« Nous ne voulons pas, Messieurs, terminer ce rapport sans vous annoncer que M. le Ministre des Colonies, faisant droit à nos justes réclamations, et tenant un juste compte des vœux que vous émettiez le 22 juin dernier, a bien voulu soumettre à la signature de M. le Président de la République un décret en date du 20 août qui apporte des modifications heureuses à notre cahier des charges ».

« Voulez-vous savoir quelles sont ces modifications heureuses? C'est l'interdiction aux noirs de vendre à d'autres qu'à la Compagnie Cousin ». *(Exclamations).*

« M. Delcassé : Lisez le décret ».

« M. Couchard : Voici l'article 3 :

« Dans les limites des réserves constituées au profit des indigènes par l'article 2 du cahier des charges, annexé à sa concession primitive, le concessionnaire pourra, à l'exclusion de tout autre acquéreur ou concessionnaire, obtenir des indigènes à telle condition que de droit la cession volontaire des terrains dont il entreprendra l'exploitation. Il devra justifier à cet égard auprès de l'Administration de contrats régulièrement conclus ». *(Nouvelles exclamations).*

« M. Delcassé : Il ne faudrait pas d'équivoque. Les quatre articles du décret du 10 août sont une modification d'une concession déjà accordée antérieurement. Tous les autres articles de cette concession subsistent, et le débat n'est pas loyal si l'on n'en donne pas connaissance à la Chambre : elle verra alors que les indigènes sont protégés ».

« M. Couchard : Je ne me préoccupe pas en ce moment des indigènes. Il s'agit d'une Société française qui a fondé des comptoirs : la Société de la Casamance a voulu empêcher son développement, elle est allée vous trouver et a obtenu de vous des modifications heureuses, comme elle dit, au cahier des charges.

« Ces modifications tendent à interdire aux noirs de vendre à d'autres qu'à la Société de la Casamance. Puisque vous avez parlé de loyauté, je vous défie d'apporter autre chose que ceci » *(Très bien, très bien).*

« M. DELCASSÉ : Vous dites que la Compagnie de la Casamance ne faisait pas ses affaires; elle a versé 200,000 francs de droits de douanes à la colonie du Sénégal ».

« M. COUCHARD : Je n'ai pas dit que cette Société n'avait pas fait de bonnes affaires, j'ai dit qu'elle en faisait de moins bonnes que la Compagnie Française, et je reconnais avec le rapport du Conseil d'administration que la concurrence de celle-ci était gênante.

« La Compagnie de la Casamance a pu vous induire en erreur, mais il reste un fait, c'est que l'autre Compagnie, Compagnie française, ne pourra plus acheter aux noirs ». *(Très bien).*

M. COUCHARD obtient ainsi un grand succès au détriment de la vérité, mais il établit à la Chambre une légende :

1° — La Compagnie Commerciale et Agricole de la Casamance a toujours été française tant par ses administrateurs et ses actionnaires que par ses agents et employés, tandis que la Compagnie Française de l'Afrique Occidentale ne peut pas en dire autant relativement à tous ses agents et employés, ce dont je ne la blâme nullement.

2° — La Compagnie Française de l'Afrique Occidentale n'est pas venue en Casamance en même temps que la Compagnie Commerciale et Agricole de la Casamance, mais seulement trois ans après.

3° — Les modifications apportées au cahier des charges de la concession n'interdisent nullement aux noirs de vendre leurs produits à d'autres qu'à la Compagnie concessionnaire.

Examen du comité du contentieux du Ministère.

Quand en Mai 1895 je rentre en France, je trouve toutes les concessions soumises à l'examen du comité du contentieux du ministère des Colonies. Le rapporteur de ce comité me convoque. Après quelques explications, il reconnaît bien vite que nous avons pleinement satisfait à toutes les charges et conditions de notre concession dont la régularité est admise. Seules les concessions Daumas et Verdier sont déférées au Conseil d'Etat.

La Cie Coloniale et Agricole de Casamance se retire de la Cie Coloniale Fco-Africaine.

En Octobre 1895, la discorde survient entre les membres du Conseil d'Administration de la Compagnie Coloniale Franco-Africaine. La fraction représentant la Compagnie Commerciale et Agricole de la Casamance se retire et engage procès pour reprendre son apport. Le 19 Mars 1896 intervient une transaction qui remet la liquidation de la Compagnie Commerciale et Agricole de la Casamance en possession de la partie restée en nature de son actif. Puis les liquidateurs font fonctionner les exploitations commerciales et agricoles dans la limite nécessaire pour qu'elles ne perdent pas toute leur valeur, et que surtout la déchéance de la concession ne soit pas encourue. Quand ils ont par une seconde transaction aplani les difficultés suscitées par la Compagnie Coloniale Franco-Africaine, leur débitrice, ils fondent la Compagnie des Caoutchoucs de Casamance à laquelle ils apportent tout l'actif de leur Compagnie en Casamance y compris la concession.

Pourvoi au Conseil d'État par le Conseil général du Sénégal.

Le 24 Juin 1898 venait devant le Conseil d'Etat un pourvoi introduit par le Président du Conseil général du Sénégal afin d'annuler le décret du 20 août 1894.

Le Conseil général soutenait la nullité du décret prétendant que celui-ci avait été pris par le chef de l'Etat en dehors de ses pouvoirs, qu'il violait toutes les règles du droit public attendu qu'il contenait une délégation partielle de la souveraineté et qu'il portait atteinte à la liberté du commerce. Ses principaux arguments étaient les suivants : Le territoire de la Casamance dépend du Sénégal. Il constitue un territoire d'administration directe, sous deux administrations, l'une à Sédhiou, l'autre à Carabane. Le domaine y appartient donc à la Colonie ; l'Etat n'est propriétaire que des bâtiments et ouvrages affectés à la défense. — La concession ne pouvait être accordée que par la Colonie et avec l'assentiment du Conseil général. Même dans les Colonies qui n'ont pas de Conseil général, c'est à la Colonie représentée par le Gouverneur qu'il appartient de faire des concessions du domaine colonial.

M. le Ministre des Colonies adressa au Conseil d'Etat, le 5 juin 1896, un mémoire (annexe X) contenant notamment l'argument suivant :

« Le Conseil général n'a pas qualité pour juger par voie de théorie, et surtout pour attaquer par un recours contentieux, un système économique qu'un Ministre des Colonies a pu croire utile au développement de nos possessions et dont il est responsable devant les Chambres. Ce n'est que sous la forme d'un vœu (article 32 du décret du 4 février 1879) qu'il pourrait ainsi se prononcer sur une question d'administration générale. Il ne saurait prétendre davantage sauvegarder au Sénégal contre M. Cousin le principe de la liberté du commerce, il se ferait alors le gérant d'affaires de quelques négociants dont la concession de la Casamance a pu contrarier les entreprises, le syndic de leurs intérêts lésés dans le présent ou plus exactement menacés dans leur développement futur. Sous ce rapport même, le Conseil général sort de son rôle, en tant qu'assemblée délibérante, étrangère à toute action administrative, à l'initiation de tout recours contentieux qui aurait pour objet de défendre des intérêts particuliers.

« Les décrets ont été rendus en vertu d'une délégation générale de la puissance législative que le pouvoir exécutif, pour le Gouvernement de certaines colonies, tient toujours de l'article 18 du Sénatus-Consulte du 3 mai 1854. Or, il n'est pas admissible que l'Etat, dans l'exercice de ses pouvoirs législatifs, soit enchaîné par un décret, ce décret fut-il comme celui du 4 février 1879, rendu lui-même en vertu du Sénatus-Consulte de 1854. »

Me Panhard, notre avocat, remit au Conseil d'Etat un mémoire (annexe XII) dont je reproduis ici le passage suivant :

« D'autre part, le Conseil général est sans qualité pour se pourvoir à raison d'une prétendue atteinte au commerce et à l'industrie que contiendraient les décisions attaquées. On comprendrait le recours d'un commerçant évincé ou entravé dans ses opérations. On ne comprend pas l'intervention du Conseil général qui n'a pas dans ses attributions le devoir de sauvegarder les intérêts particuliers qui peuvent être lésés.

« On peut au surplus, s'étonner que le Conseil général se plaigne en 1895 de décrets qui ont apporté la richesse dans la colonie ; il nous suffira de mettre sous les yeux du Conseil le tableau des produits exportés de Casamance de 1889 à 1894.

« L'exportation du caoutchouc, qui était de 93.000 kilos en 1890, atteint successivement 139.000 en 1891, 193.000 en 1892, 239.000 en 1893, et 396.000 en 1894.

« Dans la même période le tonnage des arachides passe de 2.500.000 kilos à 2.920.000 kilos.

« Celui des palmistes de 219.000 kilos à 810.000 kilos.

« L'ivoire passe de 244 kilos en 1890 à 313 en 1891, 295 en 1892, 479 en 1893 et 581 en 1894, etc.

« Ces chiffres suffisent pour démontrer que la Compagnie n'est pas restée inactive et que les 2.000.000 qu'elle a semés dans la colonie ont produit des fruits. L'intérêt de la colonie comme celui de l'État est donc de soutenir la Compagnie, et on ne comprend pas le sentiment qui conduit le Conseil général à vouloir tuer la poule aux œufs d'or. »

Arrêt du Conseil d'État.

Le 24 juin 1898, le Conseil d'État rendait un arrêt aux termes duquel il rejetait la requête du Conseil général du

Sénégal, et il mettait les frais à la charge de celui-ci (annexe XII).

La défense de la concession a-t-elle été utile ?

Ainsi, tandis qu'au Conseil général du Sénégal, à la Chambre des Députés, au Conseil d'État, notre concession était dépeinte comme constituant un monopole excessif, l'Administration en Casamance s'attachait à la rendre illusoire, et le Conseil général du Sénégal, se contredisant lui-même, la considérait comme lettre morte lorsqu'il accordait des concessions dans Zighinchor.

Ces attitudes diverses ne m'ont pas troublé. Plus elles étaient exagérées, plus elles me poussaient à considérer la concession comme ayant une réelle valeur. Au milieu des nombreuses difficultés qui m'ont été suscitées de toutes parts à la fois, je ne l'ai pas perdue de vue, et j'ai veillé soigneusement à ce qu'aucune infraction entraînant la déchéance ne fût commise. J'avais le pressentiment que le jour où, le calme étant enfin arrivé, elle pourrait être utilisée méthodiquement, elle réparerait, et au delà, le mal dont elle a été la cause.

Le Conseil d'administration de la nouvelle Compagnie de Casamance, qui compte parmi ses membres des hommes éminents, très habitués à résoudre des questions économiques et sociales, verra si la concession était digne du soin jaloux dont je l'ai entourée, si elle peut être utilisée et comment elle peut l'être, ou si elle ne devrait pas être modifiée.

Formation de la Cie des Caoutchoucs de Casamance.

En octobre 1898, la liquidation de la Compagnie Commerciale et Agricole de la Casamance, enfin débarrassée de toutes ses entraves, a fondé la Compagnie des Caoutchoucs de Casamance, au capital de 500.000 francs.

Elle a apporté à cette Société tout l'actif net de Casamance, moyennant l'attribution de 250.000 francs d'actions et 40 % dans les bénéfices.

Le Conseil d'administration de cette Société est ainsi composé :

M. Émile FLOURENS, ancien Député, ancien Ministre des Affaires Étrangères, président de section au Conseil d'État honoraire, *Président.*

MM. Auguste COLLIGNON, administrateur de la Société générale de Crédit Industriel, administrateur de la Société de l'Économiste Français, administrateur de la Compagnie générale Française de Tramways, membre du Comité Européen de l'East Rand,

et Albert COUSIN, membre du Conseil supérieur des Colonies, *Administrateurs-délégués.*

MM. Pierre FOURNIER, commissaire général de la Marine en retraite, ancien directeur au Ministère de la Marine, ancien conseiller d'État.

Gabriel GUARY, ingénieur des Arts et Manufactures.

Pierre LEROY-BEAULIEU, secrétaire général de l'Économiste Français.

Arthur LODIN, professeur à l'École des Mines.

Pierre LE PLAY, secrétaire du Conseil d'administration de la Société générale de Dynamite.

Marcel de SAINT-QUENTIN, administrateur de la Société générale de Crédit industriel, administrateur de la Compagnie générale Française de Tramways.

Ludovic SERAY, membre du Comité Européen de l'East Rand.

Mes collègues, en acceptant d'administrer une société

coloniale, ont répondu au Conseil supérieur des Colonies qui disait en 1891 dans son rapport sur la question des Compagnies de colonisation (page 15) :

« En Angleterre, à la tête des Compagnies coloniales, on trouve de grands noms engageant presque la responsabilité du pouvoir royal, et lui empruntant son prestige ; les grandes fortunes leur apportent l'appui de leurs capitaux. Pouvons-nous espérer qu'il en sera de même en France, que les hommes occupant les situations les plus considérables prêteront leur concours à ces entreprises, que les capitaux leur seront fournis par le haut commerce et la grande industrie ? »

DEUXIÈME PARTIE

ANALYSE DU CAHIER DES CHARGES ET DE SON AVENANT

DROIT EXCLUSIF D'EXPLOITATION

ART. 1er. — Le droit d'exploiter pendant une durée de cinquante ans, et à l'exclusion de tout autre concessionnaire, les forêts de la rive gauche de la Casamance, est accordé par l'État aux clauses et conditions qui suivent :

Le mot *forêt* a donné lieu à une interprétation contraire à l'esprit du cahier des charges, mais l'avenant annexé au décret du 20 août 1894 ne permet plus de soutenir que « l'exclusion de tout autre concessionnaire » ne s'applique pas à tous les territoires, de quelque nature qu'ils soient, situés dans le périmètre de la concession. En effet, l'article premier de cet avenant est ainsi conçu :

La concession accordée à M. Cousin (Albert) par les décrets des 14 août et 26 décembre 1889 pour l'exploitation des forêts de la Casamance est étendue, à tous les terrains compris dans les limites de la dite concession, et notamment à ceux qui bordent la rive gauche de la Casamance.

Le long de la rive gauche de la Casamance, les terrains que le concessionnaire aura mis en valeur et qui lui seront concédés à titre définitif, conformément à l'article 12 du cahier des charges, ne pourront avoir un développement ininterrompu dépassant quinze kilomètres pour chaque parcelle, les parcelles pouvant, au gré de l'administration, demeurer distantes de deux kilomètres entre elles.

Cet article est très clair, très net. Par conséquent, si le Gouvernement du Sénégal accordait encore une concession sur la rive gauche de la Casamance, la Compagnie des Caoutchoucs de Casamance, devrait non pas se contenter d'une simple protestation, mais en appeler immédiatement à justice.

Le droit d'exploitation étant *exclusif* pour le concessionnaire, celui-ci peut s'opposer à ce que les indigènes et les Européens défrichent les forêts se trouvant en dehors des zones dont il sera ci-après parlé, et qu'ils occupent des terrains sis aussi en dehors de ces zones.

RÉSERVES AU PROFIT DES TIERS
LIBERTÉ DU COMMERCE
DROIT DE PRÉEMPTION

ART. 2. — Le concessionnaire devra s'abstenir de toute exploitation dans la partie des forêts distante de moins de deux kilomètres des villages et d'un kilomètre des surfaces cultivées par les indigènes.

D'autre part, la présente concession ne s'applique qu'aux forêts qui ne seront pas l'objet d'une exploitation régulière et normale de la part des indigènes, sauf dans le cas d'une entente entre le concessionnaire et les indigènes intéressés.

Restent, également, en dehors de la concession, toutes les forêts ou parties de forêts sur lesquelles les indigènes auraient des droits de propriété formellement reconnus.

Dans tous les cas, sur les points où ils sont établis, les indigènes continueront à exercer les servitudes des forêts dont ils jouissaient antérieurement, sans gêner toutefois l'exploitation commerciale du concessionnaire.

Tout acte contraire aux stipulations qui précèdent entrainera de plein droit le retrait de la présente concession.

Tant pour faciliter l'interprétation des dispositions de cet article que pour atténuer la rigueur des zones d'interdiction, l'avenant annexé au décret de 20 août 1894 contient les deux articles suivants :

Art. 2 (de l'avenant). — Le concessionnaire s'engage à n'apporter aucune entrave à la culture et à la récolte des produits sur les territoires compris dans le périmètre de sa concession, à respecter les exploitations déjà existantes appartenant à des tiers, de même que tous droits de propriété résultant de contrats valablement établis, enfin à n'apporter aucune restriction à la liberté du commerce, qui reste entière, aussi bien pour les indigènes que pour les Européens.

Art. 3 (de l'avenant). — Dans les limites des réserves constituées au profit des indigènes par l'article 2 du cahier des charges annexé à sa concession primitive, *le concessionnaire pourra, à l'exclusion de tout autre acquéreur ou concessionnaire, obtenir des indigènes, à telle condition que de droit, la cession volontaire des terrains dont il entreprendra l'exploitation.* Il devra justifier, à cet égard, auprès de l'Administration, de contrats régulièrement conclus.

L'application de l'article 2 du cahier des charges et des articles 2 et 3 de l'avenant ne me paraît susceptible de produire des difficultés qu'au sujet des zones d'interdiction et du droit de préemption.

Pour le succès de l'œuvre de colonisation, la Compagnie des Caoutchoucs de Casamance, devra s'efforcer de rester en très bons termes avec les indigènes, et par suite elle ne sera pas toujours rigoureuse dans l'exercice de son droit. Elle y apportera même la plus grande conciliation. Mais il est possible que des indigènes, surtout s'ils y sont poussés par des Européens, cherchent à abuser de sa bienveillance, et qu'ils outrepassent leurs droits uniquement pour nuire à la Compagnie, ou bien encore dans un but de pression vis-à-vis d'elle. Un Administrateur colonial peut aussi, dans un excès de zèle à l'égard des indigènes, ou tout simplement par tracasserie d'autorité, avoir la fantaisie de vouloir appliquer les dispositions relatives aux zones de protection, non pas suivant l'esprit du décret, mais à la lettre et même dans le sens le plus défavorable à l'égard de la Compagnie concessionnaire. Ce n'est donc que dans l'éventualité de l'un de ces cas qu'il y a lieu d'examiner l'étendue des droits et obligations du concessionnaire relativement aux zones de protection.

Au premier abord, l'interdiction d'exploiter des territoires à une distance inférieure à deux kilomètres des villages et d'un kilomètre des champs paraît très sage, et comme ne devant pas donner lieu à des difficultés d'applications. Mais à la réflexion il en est tout autrement. En étudiant cette question sous toutes ses faces, on est amené à avoir la conviction qu'elle ne peut être résolue qu'avec beaucoup de conciliation, tant de la part du concessionnaire que de celle de l'Administrateur et des indigènes.

En effet, la question est très complexe.

Quels sont les villages qui doivent être respectés par le concessionnaire ?

De quel point part la distance ?

Quant aux « surfaces cultivées par les indigènes » que faut-il entendre par là ?

Zones de protection des villages.

Il ne fait pas de doute pour moi que les seuls villages qui aient droit à une zone de protection sont ceux qui existaient au moment où la concession a été accordée. Or il est facile de savoir quels sont les villages qui se trouvent être dans cette condition, car la carte dressée par M. le Capitaine Brosselard Faidherbe, Commissaire à la délimitation Franco-Portugaise, est officielle. Au surplus, il existe un relevé des localités connues en 1891. En effet, dans son discours d'ouverture de la session ordinaire du Conseil général du Sénégal de 1891, M. le Gouverneur expliquant le recensement qu'il a fait faire de la colonie du Sénégal et de ses dépendances, dit au sujet de la Casamance :

« Quant à la partie méridionale qui forme le district de la Casamance, le morcellement extrême des groupes de population et de l'autorité des chefs n'a point permis d'y effectuer un dénombrement proprement dit. *J'ai néanmoins fait établir, par les administrateurs, des listes de toutes les localités connues* de cette région encore insuffisamment organisée, et même très incomplètement explorée. Il résulte de leur travail que la population du district de la Casamance est, elle aussi, beaucoup plus considérable qu'on ne le supposait d'ordinaire. Avec celle des territoires protégés du Firdou, du Fouladougou, des parties du Kian et du Fogny soumises à notre influence, qu'on n'a pu encore estimer, elle doit atteindre au bas mot le chiffre de 230 à 250.000 habitants. »

Quant aux villages fondés après l'obtention de la concession, non seulement ils ne peuvent pas invoquer les réserves stipulées par le cahier des charges, mais le concessionnaire serait en droit de les faire disparaître comme s'étant formés indûment sur les territoires concédés. La Compagnie des Caoutchoucs de Casamance ne prendra certainement pas cette mesure qui serait très impolitique ; elle se contentera de ne tenir aucun compte des prétentions que les villages de cette sorte, villages qui ne sont que tolérés, émettraient relativement aux zones de protection.

Mais comment doit être calculée la distance de deux kilomètres des villages ? Ceux-ci ne sont pas fortifiés, et ils n'ont pas de place centrale. L'on ne pourrait raisonnablement pas soutenir que la distance part de la dernière hutte. Or il ne faut pas oublier que les villages qui se trouvent dans les forêts de l'Afrique n'ont guère d'analogie avec les localités d'Europe. Le terrain appartenant au premier occupant, les noirs prennent tout ce qui leur est nécessaire ou agréable pour l'installation de leurs cases et dépendances. Puis, au fur et à mesure qu'ils augmentent le nombre de leurs femmes, de leurs enfants, de leurs esclaves, (car il y en a toujours dans certaines parties de la Casamance) ils étendent leur village.

A la plus petite discorde, et Dieu sait s'il s'en produit

souvent, ils transportent leurs pénates plus loin. Ils le font très facilement, car leurs déménagements, leurs installations et leurs terrains ne les obèrent pas.

Zones de protection des cultures.

L'établissement de la zone de protection des surfaces cultivées serait encore plus difficile si l'esprit de conciliation n'y présidait pas. Seuls les champs qui existaient à l'époque où la concession a été accordée ont droit à la zone protectrice, mais il ne sera pas toujours aisé de reconnaître ceux qui se trouvent dans cette condition. Autant que possible, la Compagnie des Caoutchoucs de Casamance respectera, *quoiqu'elle n'y soit pas obligée*, les champs autres que ceux-ci ; mais, comme pour les villages tolérés, elle devra ne tenir aucun compte des prétentions que des indigènes émettraient relativement aux zones de protection. L'application stricte des dispositions du cahier des charges relativement aux surfaces cultivées serait une forte entrave à l'exploitation du concessionnaire, et elle dépasserait le but assigné. En effet, les champs des indigènes sont généralement très disséminés et ils ne sont ni clos, ni bornés. Chose curieuse, l'indigène, quoique en général assez paresseux, défriche par fantaisie ; il satisfait ainsi ses goûts de destruction. Lors de la saison sèche, il met le feu aux parties sèches de la forêt et ce que l'incendie nivelle lui constitue des champs. Il cultivera ces parties un, deux ou trois ans et quand il ne sera plus content de sa récolte il abandonnera ses champs et il en constituera d'autres de la même façon. Aussi, quiconque connaît la côte d'Afrique, estime-t-il que pour la protection des forêts, ce n'est pas au profit des indigènes que des mesures devraient être prises, mais bien contre eux. Malheureusement, en France le Gouvernement a à compter avec l'opinion publique généralement très ignorante des choses d'Afrique, et toujours encline à une sensibilité mal entendue à l'égard des noirs, et c'est ainsi que les Français n'arrivent pas au résultat qu'obtiennent les Anglais, les Allemands et les Belges dans leurs colonies.

A l'étranger aucun cahier de charges de concession (1), aucune charte ne prescrit de zone de protection au profit des indigènes. Le concessionnaire a le droit de prendre tous les terrains LIBRES.

Du reste, quand en 1891 le Conseil supérieur des Colonies fut chargé par M. le Ministre du Commerce et des Colonies de faire une étude comparée des lois étrangères relative à la mise en valeur des Colonies, et de déterminer le régime de concessions qu'il y aurait lieu d'appliquer dans nos possessions coloniales, il n'envisagea pas qu'il y eût lieu de prescrire des zones d'interdiction.

Ainsi voici ce que dit, au sujet de la propriété des territoires concédés, le rapport du Conseil supérieur des Colonies (page 22) :

« Si l'on refuse aux Compagnies le monopole général et le monopole exclusif du commerce, elles peuvent trouver dans d'autres privilèges économiques, dans certains monopoles partiels, les éléments indispensables à leur prospérité.

« On peut d'abord leur reconnaître un droit exclusif de propriété sinon sur la totalité des territoires concédés, du moins sur la partie de ces territoires qui peut être considérée comme

---

(1) Voir Concession de la Compagnie belge du Congo pour le Commerce et l'Industrie (annexe XIII).

res nullius et dont l'État concessionnaire s'est arrogé la souveraine possession.

« Elles auraient, en outre, le droit exclusif d'acquérir les parties du sol occupées dans ces territoires par les indigènes. »

Régime foncier.

Le régime foncier n'étant pas nettement établi au Sénégal, des difficultés surgiront probablement dans l'exercice des droits de la Compagnie concessionnaire. Cela est d'autant plus probable que la propriété foncière au Sénégal ne repose que sur des principes incertains et confus.

Alors que le législateur a réglementé dans le moindre détail tout le système administratif et judiciaire des colonies, il ne s'est pas préoccupé du problème foncier si grave au point de vue économique et social, sauf pour l'Algérie et pour Madagascar (1). Il a laissé aux gouverneurs le soin de préciser les droits respectifs de l'État et ses concessionnaires d'une part et des indigènes d'autre part, sur le sol, ainsi que l'organisation des modes d'aliénation de terres. Les gouverneurs ont statué par voie d'arrêté local ; aussi

---

(1) *Algérie.* — Loi du 16 juin 1851 sur la constitution de la propriété en Algérie.

Loi du 26 juillet 1873 relative à l'établissement et à la conservation de la propriété en Algérie.

Loi du 28 avril 1887 modifiant et complétant la loi précédente.

Loi sur la propriété foncière en Algérie, promulguée le 16 février 1897.

Madagascar. — Loi sur la propriété foncière. 9 mars 1896.

Loi sur les acquisitions amiables et les expropriations d'immeubles. 27 avril 1896.

Décret présidentiel sur le régime de la propriété foncière à Madagascar. 16 juillet 1897.

Décret présidentiel sur la possession à Madagascar des parcelles du domaine. 5 juillet 1898.

dans les colonies où ils ont quelque liberté d'action, ils ont pu, dans une certaine mesure, réglementer la propriété foncière et sa transmission. C'est ce qu'ont fait le Commissaire du gouverneur du Congo français par un arrêté du 26 septembre 1891, les gouverneurs du Dahomey par arrêtés du 10 février 1890 et du 23 décembre 1892, ainsi que le gouverneur de la Côte d'Ivoire par arrêté du 10 septembre 1893. L'arrêté le mieux compris est celui rendu le 23 décembre 1892 par le général Dodds sur la proposition du lieutenant-gouverneur M. Ballot, un homme tout à fait remarquable, qui a su mettre le Dahomey en valeur. Cet arrêté en huit articles très courts mais très nets, règle le régime de la propriété au Dahomey, et il paraissait tout d'abord devoir être très suffisant pour les premières périodes de civilisation de ce pays (annexe XV).

Mais les indigènes étant restés indifférents à la mise en demeure d'avoir à faire valoir leurs droits, l'on a jugé qu'il était impolitique et immoral de prendre leurs terres par suite d'inexécution des formalités de conservation. Il en résulte que cet arrêté qui paraissait devoir être fécond en excellents résultats n'a pas eu l'efficacité qu'il pouvait avoir.

Quant au Sénégal, seule colonie de la Côte occidentale d'Afrique qui soit dotée d'un Conseil général, il n'est resté en vigueur d'autre arrêté relatif à la propriété immobilière que celui rendu par M. Genouille, ce malheureux Gouverneur condamné à de la prison pour homicide par imprudence à raison de la mort de cinq noirs qui avaient été laissés sur l'une des Iles d'Alcatraz et qui n'avaient pas été ravitaillés en temps utile. Cet arrêté qui est du 5 Janvier 1887 réglemente la vente et la concession des terrains domaniaux. (Annexe XIV).

En l'absence de législation foncière il n'y a rien d'étonnant à ce qu'à Dakar, au moment où cette ville a commencé à se développer, il se soit produit d'énormes difficultés dans les occupations et les transmissions des immeubles que l'Etat ne s'était pas appropriés d'une façon effective. Les tribunaux appelés à trancher les litiges ont eu des considérations de fait et d'équité. Ils ont reconnu que les régimes antérieurs continuaient à fonctionner.

En Casamance il n'a pas encore surgi de difficultés comme à Dakar, mais il en surgira de semblables, car ce pays là est appelé à se développer rapidement. En attendant que le Gouvernement se décide à régler d'une façon précise le régime foncier au Sénégal et dans ses dépendances, il me paraît donc utile de rappeler ici les règles de propriété établies en ces pays.

D'après les coutumes du Sénégal la condition des terres est presque semblable à celle de notre ancien droit féodal où le suzerain avait le domaine éminent et le vassal le domaine utile. Le Gouvernement français qui a pris la place des anciens chefs est donc devenu propriétaire de toutes les terres, et par suite nul ne peut en détenir une portion qu'avec son autorisation.

Mais dans les pays où l'Islamisme s'est propagé, et c'est le cas de la Casamance, les indigènes voudraient soutenir que la propriété est constituée par le seul fait de l'occupation et de la culture d'une terre, pourvu que cette terre soit située en dehors des villages, dans la brousse inculte.

Le Coran disant : « C'est Dieu qui a créé pour vous tout ce qui est sur la terre » (verset 27, chapitre II), les marabouts prétendent que Dieu permet à tout homme de s'emparer de toutes les choses utiles sans maître. Ils en concluent, dit M. G. Pierret, procureur de la République à Saint-Louis, que le premier occupant d'une terre morte, inculte, (méouat) en devient le propriétaire, à moins que la terre ne soit voisine d'un lieu habité, mais que si la terre primitivement occupée cesse d'être cultivée, elle redevient « méouat » — res nullius — et que le premier venu peut en devenir propriétaire.

L'éminent économiste, M. Paul Leroy-Beaulieu, dit « Au point de vue économique, la première condition de la prospérité d'une colonie de peuplement, c'est la grande abondance de grandes terres, et un régime qui en rende l'expropriation facile et définitive ». Je suis certain qu'il estime qu'un régime foncier bien établi n'est pas moins nécessaire aux colonies d'exploitation.

POLICE

Art. 3. — Le concessionnaire exécutera à ses frais tous les travaux auxquels l'exploitation donnera lieu.

Il prendra, à ses risques et périls et sans pouvoir réclamer le concours de l'État, toutes les mesures nécessaires à la sécurité de l'exploitation et à la protection de ceux qui y seraient employés.

Le concessionnaire doit donc pourvoir à la sécurité intérieure de ses territoires par l'organisation d'une force de police et assurer son droit légitime de défense.

Mais l'application de cette disposition est pleine de conséquences dont le Gouvernement a voulu éviter l'éventualité lorsqu'il a dressé les cahiers des charges des autres concessions. En effet aucun cahier de charge, sauf le nôtre et celui de la concession Daumas, ne contient de clause relative à la police, et encore ce dernier a-t-il une réserve. L'article 3 du décret Daumas est ainsi conçu :

« La Colonie concède à la future Société le droit d'assurer, par ses propres moyens, la sécurité et la protection de ses établissements, *sous la réserve que les mesures que prendra à cet effet la Société soient agréées au préalable par l'Administration et soumises à son contrôle.*

« *Un arrêté du Commissaire général déterminera les formes dans lesquelles s'exécutera ce contrôle* ».

Cette clause qui, comparativement à la nôtre, est atténuée par une réserve importante, a été supprimée par un avenant en date du 31 juillet 1897. Au cours des pourparlers qui, pour déterminer la compensation prévue par un arrêt du Conseil d'État en date du 5 mars 1897, intervinrent entre M. le Ministre des Colonies et la Société du Haut-Ogoué substituée aux droits de feu M. Daumas, l'accord fut facilité par l'admission de la suppression du droit de police. L'importance qu'attribua le Gouvernement à cette suppression est très connue. Au reste dans l'avenant du 31 juillet 1897, qui contient dix articles, c'est l'article premier qui stipule l'annulation. Cet article est ainsi conçu :

« L'article 3 de la convention du 30 octobre 1893 est annulé. Le premier cas de déchéance indiqué par l'article 14, § 2 de ce contrat ne sera plus par suite applicable.

« La colonie continuera en conséquence, comme par le passé, à assurer la police de la région.

« Toutefois, la Société est autorisée à posséder pour la sécurité de ses convois 100 fusils à tir rapide de provenance française et les munitions nécessaires pour faire usage de ces armes qui seront introduites en franchise dans la Colonie.

« En cas de besoin, l'Administration pourra réquisitionner les agents et travailleurs employés par la Société ainsi que les armes spécifiées ci-dessus dont le nombre pourra être augmenté d'un commun accord. L'Administration aura le droit de s'assurer chaque fois qu'elle le jugera utile qu'aucune arme n'a été vendue ou échangée comme article de commerce ».

Notre article 3 est donc des plus précieux. Son application nous sera d'un très grand secours, non pas seulement dans la protection de nos exploitations, mais surtout au cours de l'exercice des droits que nous avons à invoquer pour prendre possession des terrains qui par application du décret sont libres et qui par suite peuvent être soumis à notre exploitation.

RÉGIME D'EXPLOITATION

ART. 4. — Le concessionnaire exploitera les forêts **suivant le régime à son choix** ; il aura la faculté d'effectuer les déboisements qui lui paraîtront nécessaires, de créer des plantations nouvelles, et en un mot, **d'assurer comme il l'entendra la mise en valeur des territoires occupés.**

Cet article est très clair, très net, très formel. Il n'est donc pas susceptible d'une mauvaise interprétation. Il nous donne toute latitude pour le mode d'exploitation et il ne nous fixe pas un minimum de production ainsi que cela a été stipulé dans la concession Verdier.

ROUTES — AMÉNAGEMENT DE FORÊTS

CLOTURES — BARRIÈRES

ART. 5. — Il aura le droit d'ouvrir des routes, de créer des voies de communication en respectant les propriétés des indigènes, **d'aménager des portions de forêts contiguës ou séparées, de les enclore par des barrières,** d'y élever les constructions nécessaires à l'exploitation et d'y créer des centres habités.

Routes

Le droit d'ouvrir des routes, de créer des voies de communication étant stipulé sans aucune obligation, il comprend celui d'en interdire l'accès aux tiers et par suite de percevoir des péages. Tandis que le cahier des charges Verdier contient la stipulation suivante : « Il aura le droit d'ouvrir des routes et de créer des voies de communication en respectant les propriétés indigènes et en accordant toute liberté de circulation aux commerçants européens ou indigènes qui auraient à en faire usage ».

Aménagement de forêts.

Le concessionnaire peut aménager des portions de forêts contiguës ou séparées, comme il l'entend, mais conformément à l'article premier de l'avenant du 20 août 1894 « les terrains aménagés ne pourront avoir un développement ininterrompu dépassant quinze kilomètres pour chaque parcelle, les parcelles pouvant, au gré de l'Administration, demeurer distantes de deux kilomètres entre elles ».

Clôtures. Barrières.

Le droit que nous avons d'enclore par des barrières des portions de forêts aménagées n'a été accordé qu'à nous.

Les autres cahiers de charges apportent des restrictions qui expliquent le silence sur les clôtures. J'attache d'autant plus d'importance à ce droit d'enclore par des barrières que j'estime qu'il est l'une des meilleures garanties que nous ayons pour ne pas laisser annihiler nos exploitations. Les mesures de police spécifiées à l'article 3 du cahier des charges pourront être facilement appliquées dans les portions de forêts aménagées et encloses par des barrières.

C'est pour cela que je préconise avec tant d'insistance l'organisation d'équipes de noirs qui, sous la direction d'ingénieurs agronomes, aménageront les forêts de la manière suivante. Ces équipes clôtureront toutes les portions reconnues propres à l'exploitation et qui, bien entendu, seront à la distance réglementaire des villages et des cultures indigènes. Les clôtures consisteront en deux ronces soutenues tantôt par des arbres, tantôt par des pieux dont le sommet sera peint aux couleurs nationales. Des cases seront construites dans ces portions pour y loger des manœuvres chargés de la garde et de l'exploitation. Des marques de la Compagnie C C C seront placées sur ces cases et sur des arbres en bordure. Tout en procédant aux opérations de clôture, les équipes replanteront des lianes à caoutchouc là où elles sont en trop petite quantité, elles saigneront les lianes et elles feront des boules de caoutchouc.

CESSION DES PORTIONS DE FORÊTS AMÉNAGÉES

ART. 6. — Le concessionnaire pourra céder, avec l'autorisation du sous-Secrétaire d'État des Colonies, son droit d'exploitation sur les portions de forêts qui auront été **aména-**

gées et mises en valeur comme il vient d'être dit à l'article précédent.

Il versera à l'État, à titre de redevance, la moitié de la somme constituant le prix de la session.

L'acte de cession devra être fait devant notaire.

L'obligation de verser à l'État la moitié de la somme constituant le prix de la cession du droit d'exploitation sur les portions de forêts *aménagées et mises en valeur*, ne s'explique pas alors que la Société constituée ainsi que cela est prévu en l'article suivant peut, en vertu de cet article, céder ses droits, les sous-louer ou en faire apport à une autre personne ou société sans avoir à partager avec l'État le prix de ces cession, sous-location ou apport.

Cette disposition n'est pas logique, car à cause d'elle la Compagnie des Caoutchoucs de Casamance se trouve avoir intérêt à ne céder ou sous-louer son droit d'exploitation que sur des portions de forêts *non aménagées.*

OBLIGATION DE CONSTITUER UNE SOCIÉTÉ
SIÈGE DE LA SOCIÉTÉ
CONSEIL D'ADMINISTRATION FRANÇAIS
PERSONNEL FRANÇAIS
CESSION, SOUS-LOCATION OU APPORT

ART. 7. — Le concessionnaire devra, à peine de déchéance, constituer dans le délai d'un an, à partir du 14 août 1889, une société en commandite ou anonyme au capital de cinq cent mille francs. Dans le cas de société en commandite, il en fera partie à titre de commandité.

L'acte sera dressé et les apports des différents associés seront constatés par notaire.

Si la société constituée est une société anonyme, elle sera régie par la loi des 24 et 29 juillet 1867.

Elle aura son siège soit à Paris, Marseille, Bordeaux ou le Havre, soit à Saint-Louis ou dans toute autre ville du Sénégal et dépendances, et son conseil d'administration devra comprendre uniquement des membres français.

Le personnel européen nécessaire pour assurer l'exploitation sera exclusivement composé de personnes de nationalité française.

La société pourra céder ses droits, les sous-louer ou en faire apport à une autre personne ou société. Mais ces cession, sous-location ou apport ne seront valables qu'après ratification par le Département.

Société. L'obligation qu'avait le concessionnaire de constituer une société anonyme au capital minimum de 500.000 francs, a été remplie. Le siège de cette société a été primitivement à Marseille, puis il a été porté à Paris.

Cette obligation ayant été remplie, subsiste-t-elle à l'égard de la société actuelle ? Je ne le crois pas en considérant que le dernier alinéa de l'article 7 dit : « La société pourra céder ses droits, les sous-louer ou en faire apport à une autre *personne* ou société. » Le minimum de capital social était une garantie pour le Gouvernement que la société substituée au concessionnaire aurait les moyens d'action nécessaires pour commencer une exploitation régulière.

Siège. Le siège de la société en France ne peut être qu'à Paris, Marseille, Bordeaux ou le Havre, et non dans une autre ville telle que Lyon, Nantes, Lille ou Rouen par exemple. Mais il peut être dans toute ville du Sénégal ou de ses dépendances. C'est assez bizarre.

Le Conseil d'Administration doit comprendre uniquement des membres français.

Conseil d'administration.

Le projet de décret type préparé par la commission des concessions coloniales (annexe IV) est moins rigoureux. En effet voici son article relatif au Conseil d'Administration, au Directeur et au siège social :

« Le Directeur de la Compagnie et les **deux tiers** du Conseil d'Administration — dont le président, devront être Français. Le siège social devra être en territoire français. »

Cette disposition est des plus sages.

Le personnel européen nécessaire pour assurer l'exploitation doit être exclusivement français.

Nationalité du personnel.

Le projet de décret-type (annexe IV) ne stipule rien au sujet du personnel ; il laisse donc toute latitude pour son recrutement et cela est très heureux pour les futurs concessionnaires.

Tout récemment, quand la Compagnie des Caoutchoucs de Casamance a recruté son personnel agricole elle a été gênée par son cahier de charges. En effet elle a dû refuser de prendre comme agents agricoles un belge et deux suisses qui avaient la connaissance pratique des plantations de caoutchouc, et même un russe, ancien élève de l'Institut agronomique de Paris. Elle a engagé comme ingénieurs agronomes trois jeunes français inexpérimentés. L'un d'entre eux est licencié es-sciences naturelles et les deux autres sont diplômés de l'Institut agronomique de Paris ; ils sont donc très bien préparés à remplir leurs fonctions, mais s'ils avaient pu être accompagnés par un agronome du Congo-Belge, ils eussent pu se dispenser des essais pratiques et des tâtonnements auxquels ils seront obligés de se livrer. L'ostracisme à l'égard des étrangers est donc funeste à une Compagnie Française et par conséquent à des capitaux français.

Cessions.

La Société peut céder ses droits, les sous-louer ou en faire apport à une autre personne ou société. Mais ces cession, sous-location ou apport ne sont valables qu'après ratification par le Ministre des Colonies. Cette ratification est la seule réserve apportée aux cession, sous-location ou apport. Il est très heureux pour la colonisation qu'il en soit ainsi, car c'est bien certainement par les Sociétés filiales d'une Société concessionnaire que les grands territoires sont mis en valeur le plus rapidement.

REDEVANCES

ART. 8. — Indépendamment de la redevance éventuelle prévue à l'article 6, le concessionnaire devra verser au profit du budget local des rivières du Sud :

1° — Une redevance fixe de 5.000 francs par an ;

Cette redevance sera ramenée à mille francs pour les dix premières années, avec faculté laissée au Département de réduire ce chiffre de moitié ou plus pendant cette période décennale si la nécessité lui en paraît démontrée ;

2° — Une somme qui sera calculée de la manière suivante, en raison de la quantité de bois exportée :

Pour les 100 premières tonnes. 5 fr. par tonne ;
Pour les 200 tonnes suivantes . 10 fr. par tonne ;
Au-dessus. . . . . 20 fr. par tonne.

Les autres produits du pays supporteront seulement à la sortie les droits qui seront en vigueur.

Pendant la première année d'exploitation, les redevances proportionnelles pourront être diminuées de moitié par le Département.

Art. 4 (de l'avenant du 20 août 1894). — Les bois exportés par le concessionnaire acquitteront les droits à la sortie en vigueur dans la colonie, mais seront exemptés des taxes spéciales imposées par le cahier des charges primitif.

La Casamance ayant été détachée administrativement des Rivières du Sud pour former une dépendance du Sénégal, c'est au budget local de ce pays que la redevance doit être versée.

La redevance annuelle de mille francs était susceptible d'être réduite de moitié et même plus. Elle n'a pas été diminuée et aucune réduction n'a été sollicitée, même au cours de la liquidation de la Compagnie Commerciale et Agricole de la Casamance.

La redevance sera de cinq mille francs à partir de la onzième année de la concession, soit à partir de 1900 inclus.

Aucune époque de l'année n'est fixée pour le paiement qui, par suite, pourrait être effectué seulement le 31 décembre.

Si le droit d'exploitation est conservé pendant tout le temps de la concession, le budget local du Sénégal se trouvera avoir touché :

10 annuités de 1.000 fr., soit	10.000 fr.
40 annuités de 5.000 fr., soit	200.000 fr.
Total.	210.000 fr.

CAS DE DÉCHÉANCE

ART. 9. — La déchéance sera prononcée si les travaux d'installation ne sont pas commencés dans le délai d'un an ou si l'exploitation proprement dite n'a pas eu lieu dans le délai de deux ans à compter de la date du présent acte.

De même, l'interruption de l'exploitation pendant un an, par le fait du concessionnaire, à quelque époque que ce soit, entraînera de plein droit sa déchéance.

Il en sera de même en cas de non-payement constaté des redevances prévues aux articles 6 et 8.

Les travaux d'installation ont été commencés immédiatement après la constitution de la première société. L'exploitation a eu lieu aussitôt et elle n'a jamais été arrêtée. Les redevances ont été payées.

FORMALITÉS & CONSÉQUENCES DE LA DÉCHÉANCE

ART. 10. — La déchéance est prononcée par le sous-Secrétaire d'État des Colonies.

Le concessionnaire ne pourra prétendre à aucune indemnité pour les travaux qu'il aura exécutés.

Le cautionnement déposé par lui deviendra la propriété de l'État.

Il devra, dans le délai d'un an, à compter de la notification de l'arrêté de déchéance, enlever à ses frais le matériel lui appartenant.

Faute de l'enlèvement dans ce délai, le matériel sera repris gratuitement par l'État.

Le projet de décret type (Annexe IV) contient la clause suivante :

« Faute par le concessionnaire d'avoir rempli les diverses obligations qui lui sont imposées par le présent décret et le cahier des charges y annexé, il encourra la déchéance qui sera prononcée après mise en demeure par le Ministre des Colonies, la commission des concessions entendue, sauf recours au Conseil d'État par voie du contentieux ».

CAUTIONNEMENT

ART. 11. — Pour garantie des obligations qui précèdent, le concessionnaire s'oblige à déposer, dans les dix jours qui suivront la constitution de la Société, un cautionnement de 10,000 francs à la Caisse des Dépôts et Consignations.

Comme dans tous les traités et marchés avec l'État, celui-ci a exigé un cautionnement. 10,000 francs ont donc été déposés à la Caisse des Dépôts et Consignations.

EXPIRATION DE LA CONCESSION
DROIT DE PROPRIÉTÉ

ART. 12. — A l'expiration de la concession, le concessionnaire pourra **conserver** comme lui appartenant en propre **par prescription**, les **terres** ou **forêts** qui auront été **aménagées** par lui.

L'expiration de la concession se produira, soit par la déchéance, soit par l'arrivée au terme de 50 ans, soit encore par la renonciation au droit d'exploitation.

Le jour où la Société concessionnaire aura mis en valeur dans le sens du cahier des charges tous les territoires exploitables, et de même lorsqu'elle estimera que ses redevances, charges et obligations sont supérieures au droit qu'elle peut exercer, elle pourra renoncer à son droit d'exploitation et « CONSERVER COMME LUI APPARTENANT EN PROPRE PAR PRESCRIPTION, LES TERRES OU FORÊTS QUI AURONT ÉTÉ AMÉNAGÉES PAR ELLE ».

Aucune réserve, aucune restriction, aucune spécification n'est apportée dans le mode d'expiration de la concession, par conséquent, quelle que soit la façon dont la concession expirera, la Société concessionnaire « *pourra conserver comme lui appartenant en propre par prescription, les terres ou forêts aménagées par elle* ».

DOMICILE

ART. 13. — Le concessionnaire fera connaître, dans le mois qui suivra la constitution de la Société, le lieu où il fait élection de domicile.

La Société concessionnaire a d'abord élu domicile à Marseille, puis en 1891 à Paris. Son domicile n'est pas immuable, mais il ne peut être élu que dans les villes de France spécifiées à l'article 7 ou dans une ville quelconque du Sénégal et de ses dépendances.

COMMISSAIRE DU GOUVERNEMENT

ENREGISTREMENT

ART. 14. — L'Administrateur français de Zighinchor sera chargé, en qualité de Commissaire du Gouvernement, d'assurer l'exécution des diverses clauses du présent acte, en particulier en ce qui concerne les droits réservés aux indigènes.

Le droit de timbre et d'enregistrement des présents est à la charge du concessionnaire.

A l'époque où le premier décret a été rendu, le Gouvernement métropolitain avait estimé, ainsi que le capitaine Brosselard-Faidherbe l'avait proposé dans son rapport de délimitation franco-portugaise, que Zighinchor devait être la capitale de la Casamance. Mais le Gouvernement du Sénégal n'a pas installé d'Administrateur à Zighinchor. C'est l'Administrateur de la Casamance résidant à Carabane qui remplit les fonctions de Commissaire du Gouvernement.

Les droits d'enregistrement se sont élevés à 6.302 fr. 50. Le receveur de l'enregistrement des actes administratifs de la Seine a été assez embarrassé pour déterminer les droits à percevoir, et finalement il a calculé le 2 septembre 1889 les redevances comme pour un bail.

Le projet de décret-type des concessions coloniales fixe le droit d'enregistrement à percevoir à trois francs.

TROISIÈME PARTIE

CONSIDÉRATIONS ET CONCLUSIONS

Les Concessions sont des marchés.

C'est à tort que les Concessions Coloniales sont considérées par certaines personnes comme étant une faveur. Elles constituent un moyen employé par l'Etat pour mettre en valeur des pays qui sont devenus en réalité sa propriété ; elles ne sont qu'un marché conclu entre propriétaire et exploitant. Le contrat qui lie ceux-ci doit donc être établi équitablement, et surtout d'une façon très précise. Si les droits et obligations des deux contractants ne sont pas très nettement déterminés, les plus grands avantages stipulés au profit du concessionnaire peuvent être annihilés par une interprétation rigoureuse ou erronée que l'Etat ferait d'une concession mal définie. Bien plus, la concession peut devenir un leurre. Par exemple, les zones prohibitives d'exploitation ne sont-elles pas susceptibles de fournir aux représentants de l'Etat des moyens de tracasserie qui empêcheraient toute grande exploitation ?

Nécessité de déterminer nettement les droits des concessionnaires.

L'indication sur les cartes géographiques des territoires concédés donne des illusions aussi bien à l'Etat qu'au concessionnaire. L'Etat est de bonne foi, il croit bien avoir accordé une concession octroyant des droits, et le concessionnaire est persuadé que ceux-ci sont largement la contrepartie de ses obligations. Mais en réalité tous deux sont dans l'erreur si les Agents de l'Etat n'interprètent pas d'une façon libérale les clauses de restriction. Ces clauses devraient être non seulement très nettes mais très anodines, car une restriction ne doit pas être nécessairement stipulée pour sauvegarder les droits des indigènes. *En effet tout colon expérimenté sait pertinemment que le succès de son entreprise dépend, pour la plus grande part, de ses rapports avec les indigènes.* Il a besoin de leur main-d'œuvre, puis pour sa sécurité personnelle il doit éviter soigneusement de les troubler dans leurs possessions et dans leurs habitudes. Son intérêt majeur est donc d'observer à leur égard tous les ménagements nécessaires.

J'en déduis que la clause des zones qui peut donner lieu à de grandes et de nombreuses difficultés est tout à fait surabondante. Mais je doute fort qu'elle soit jamais supprimée d'aucun cahier de charges, parce qu'elle constitue un argument précieux pour le Ministre des Colonies dans les discussions qui peuvent avoir lieu au Parlement au sujet des concessions, la défense des indigènes, au nom de l'humanité, facilitant toujours les succès oratoires.

Je n'ose donc pas espérer que pour le succès de la colonisation, le Gouvernement se décide à stipuler dans les cahiers de charges, ainsi que cela se fait à l'étranger, que la concession comprend tous les terrains *libres*.

Territoires qu'il est préférable de ne pas concéder.

Après l'expérience faite en Casamance, il paraît préférable que l'État ne concède pas de territoires dépendant d'une colonie dotée d'un Conseil général, car celui-ci, jaloux des prérogatives qu'il croit avoir, est tenté de se livrer à des hostilités contre les concessionnaires, qu'il considère comme lui ayant été imposés par le Gouvernement.

En tout cas l'État doit certainement éviter de concéder des territoires ne faisant pas partie d'une circonscription électorale de la colonie dont ils dépendent, et surtout de ne pas annexer ces territoires à une vieille colonie ainsi qu'il l'a fait pour la Casamance, contrée rattachée en 1889 au Sénégal alors qu'elle faisait partie des Rivières du Sud (Guinée Française).

La situation de la Casamance vis-à-vis du Sénégal est vraiment étrange, et elle peut être très nuisible au développement de la colonisation. En effet, le budget des recettes et des dépenses de la Casamance est réglé par le Conseil général du Sénégal, Conseil élu uniquement par le Sénégal, à l'exclusion de ses dépendances. Il s'en suit que la Casamance, dont les recettes sont en fort excédent sur ses dépenses, est toujours sacrifiée au plus grand profit du pays fournissant des électeurs. Les élus trouvent que c'est dans l'ordre des choses ; ainsi je relève dans le compte rendu des séances du Conseil général du Sénégal (page 283, année 1890) le passage suivant qui est très suggestif :

« M. Angrand : Il n'est pas de comparaison possible entre la Casamance et Gorée ; *l'une est riche et peut fournir les droits qui lui seront demandés, l'autre est pauvre et a besoin, je le répète, de faveurs pour pouvoir vivre par elle-même.* De plus, je persiste à déclarer que les ressources qu'elle fournira au budget local ne seront pas très élevées. Je crois que le Conseil peut parfaitement adhérer à la proposition de la commission des affaires diverses. »

N'est-ce pas vraiment immoral que de rattacher à une colonie ayant député et conseillers généraux des pays qui n'entrent dans aucune circonscription électorale ?

Les grandes concessions ne doivent pas être données non plus dans des pays trop accessibles parce qu'elles y sont, quoi que fasse le concessionnaire, difficilement utilisables.

Ainsi en Casamance, la Société concessionnaire a, dix-huit mois après sa constitution, acheté tous les comptoirs commerciaux existants. Elle s'est trouvée seule pendant un an, mais ensuite des maisons de commerce sont venues s'installer, et alors les sacrifices qui avaient été faits pour profiter de la concession sont devenus stériles. Comment empêcher les indigènes de porter à d'autres qu'à la Société concessionnaire les produits récoltés dans les territoires concédés ? Cela est complètement impossible. Au surplus les indigènes n'ont-ils pas les zones de un et deux kilomètres sur lesquelles la Société concessionnaire n'a d'autre droit que celui de préemption ? Prétendre que tous les produits dont on les trouve détenteurs ont été récoltés sur ces zones, est un argument que les noirs peuvent employer aisément.

La Compagnie des Caoutchoucs de Casamance ne peut donc pas utiliser sa concession à l'exemple des Belges dans l'État indépendant du Congo. Elle doit, pour avoir par privilège les produits des territoires concédés, prendre possession effective de ces territoires.

Dans ces conditions, j'estime que la Compagnie des

Caoutchoucs de Casamance est entrée dans une bonne voie en organisant des équipes qui tout à la fois prennent possession des lots les plus propices à l'exploitation agricole, les entourent de barrières, replantent des lianes à caoutchouc et font la récolte. Elle rencontrera d'autant moins de difficultés si, pour toutes ces opérations, elle passe des conventions avec les chefs de villages.

Je suis loin de conseiller à la Compagnie des Caoutchoucs de Casamance d'avoir, à l'égard des maisons de commerce, l'attitude qu'elle serait en droit de prendre à raison de ce qu'elle a succédé à la Compagnie Commerciale et Agricole de la Casamance, et que tous les commerçants installés actuellement en Casamance sont venus en ce pays après cette société. J'estime qu'étant dès à présent propriétaire de nombreux immeubles bâtis et mis en valeur, et éventuellement, par sa concession, propriétaire de vastes territoires, elle doit favoriser le commerce en Casamance, mais à la condition que les commerçants ne cherchent pas à exciter les indigènes contre elle ou à les inciter à la spolier, auxquels cas elle devrait agir avec la plus grande fermeté pour exercer ses droits. Comme elle porte tous ses efforts sur la mise en valeur de la Casamance, et qu'elle ne compte guère faire de commerce que comme mode de paiement aux indigènes à son service, il est à présumer que les maisons de commerce comprendront que leur intérêt véritable est de ne pas lui être hostile.

Sous concessions nécessaires.

La prise de possession des terrains concédés s'effectuera d'autant plus facilement qu'elle sera faite rapidement, parce qu'une grande immigration se produit actuellement en Casamance. La concession a été donnée, il est vrai, pour 50 ans, et par conséquent, pendant toute cette durée, la Société concessionnaire a le droit d'aménager des terrains qui deviendront sa propriété par le fait même de l'expiration de la concession. Mais quoique l'installation de nouveaux villages, et de nouveaux champs ne soit pas opposable à la Société concessionnaire, celle-ci dont l'intérêt est de vivre en bonne harmonie avec les habitants de sa contrée aura tout au moins des ménagements à l'égard de ceux-ci. Il paraît donc nécessaire de ne pas tarder à prendre possession effective de tous les terrains susceptibles d'être exploités.

Mais cette prise de possession peut-elle être effectué directement par la Compagnie concessionnaire avec la rapidité nécessaire? Je ne le crois pas, parce qu'elle demanderait un personnel trop nombreux, et qu'elle disséminerait les efforts et les capitaux de la Compagnie. Le moyen le plus pratique paraît devoir être celui consistant en la sous-concession de plusieurs portions de forêts. Mais je ne serais pas du tout partisan de sous-concessions pour une durée limitée, et pour une exploitation définie, parce que dans ce cas, le sous-concessionnaire peut, ainsi que cela est advenu à la Compagnie Commerciale et Agricole de la Casamance, sommer la Compagnie concessionnaire d'avoir à le mettre en possession des terrains exploitables. Des sous-concessions de ce genre ne rempliraient donc pas le but recherché.

Ce qui me semble devoir le mieux convenir, c'est la subrogation pure et simple dans les droits tels qu'ils sont de la Compagnie concessionnaire sur des portions de forêts. Les sous-concessionnaires, moyennant une attribution bénéficiaire qui serait faite à la Compagnie concessionnaire, opéreraient ainsi à leurs risques et périls.

Causes de succès de la colonisation dans l'État Indépendant du Congo.

En matière coloniale, comme en toutes choses du reste, l'exemple de ceux qui ont réussi est conseillé à ceux qui peinent infructueusement, sans que l'on se préoccupe de savoir s'il peut être suivi sur les points essentiels. Ainsi la prospérité des Belges dans l'État indépendant du Congo constitue-t-elle un enseignement qui ne pourra être suivi dans les colonies françaises que partiellement. En effet, quelque grand que soit le mérite des Belges, leur succès au Congo est surtout dû aux grandes qualités de leur Roi qui a créé et organisé l'État Indépendant avec une clairvoyance et une méthode parfaites.

Sa Majesté Léopold II, roi constitutionnel en Belgique, est Souverain absolu de l'État Indépendant du Congo. Certains tempéraments ont bien été apportés à ses pouvoirs par l'Acte général de Berlin pour la liberté du commerce, de la navigation et de la circulation, mais il est le seul arbitre des destinées de ses sujets du Congo. Dans ce pays il est investi de la Souveraineté, alors qu'en Belgique il n'est que dépositaire de la Souveraineté nationale. Il exerce ses pouvoirs, soit par lui-même, soit par ses délégués. Il prend par lui-même les mesures importantes et il manifeste sa volonté par des décrets. Le Gouverneur peut, en cas d'urgence, rendre une ordonnance suspendant une exécution, mais cette ordonnance cesse ses effets à l'expiration de six mois, si elle n'est pas approuvée par décret.

Monarque absolu, S. M. Léopold a donc pu en toute liberté organiser l'État Indépendant avec le génie colonial dont il est doué, et il a fait une œuvre admirable qui dans les moindres détails, révèle une sollicitude permanente.

Suivant les besoins, suivant les événements, et au fur et à mesure de l'expérience, il a édicté des lois spécialement appropriées à sa colonie, et il s'est bien gardé d'implanter de toutes pièces dans ce pays nouveau une administration compliquée. Quoique l'on en dise quelquefois, lorsqu'arrive en Europe la nouvelle de quelque rebellion, son action est un bienfàit aussi bien pour les indigènes que pour les Européens.

Pour étudier les méthodes de colonisation employées à l'Etat Indépendant du Congo, j'ai lu et relu de nombreux ouvrages et notamment « l'Etat Indépendant du Congo » par M. A. J. Wauters, l'éminent Directeur du mouvement géographique de Bruxelles, « Droit et Administration de l'Etat Indépendant du Congo » par M. F. Cattier, chargé de cours à l'Université de Bruxelles, « Régime foncier aux Colonies » publié dans l'Institut International et Colonial de Bruxelles, et j'ai eu avec des administrateurs de Sociétés belges-congolaises des conversations très instructives. Ces lectures et ces conversations m'ont pénétré de la plus profonde admiration pour l'œuvre de S. M. le Roi Léopold II.

Ce qui m'a le plus frappé, c'est la préoccupation que dès la formation de son Etat, le souverain a eue d'établir un régime foncier, alors qu'au Sénégal nous sommes encore réduits à des coutumes confuses.

L'énonciation suivante des lois et ordonnances concernant la propriété foncière indiquera suffisamment la perfection du régime foncier de l'Etat Indépendant du Congo :

Ordonnance du 1er Juillet 1885 sur l'occupation des terres.
Décret du 22 Août 1885 organisant la propriété foncière.

Ordonnance du 15 Mars 1886 relative à la reconnaissance des titres fonciers.

Ordonnance du 15 Mars 1886 fixant le tarif des frais de mesurage des terres.

Décret du 24 Avril 1886 autorisant le Gouverneur Général à augmenter la taxe d'enregistrement, et à fixer le délai extrême, pour la recevabilité des demandes d'enregistrement.

Arrêté d'application de ce décret.

Décret du 14 septembre 1886 déterminant le mode d'acquisition des terres.

Arrêté du 8 novembre 1886 prescrivant les règles à suivre pour l'enregistrement des terres.

Décret du 30 avril 1887 sur le régime des terres.

Arrêté du 30 juin 1887 déterminant les pouvoirs du conservateur foncier.

Arrêté du 30 juin 1887 sur l'occupation des terres dans le Haut-Congo.

Arrêté du 30 juin 1887 sur le bornage des terres.

Décret du 5 décembre 1892 sur le domaine privé de l'État.

Décret du 9 août 1893 sur la vente et la location des biens domaniaux.

Décret du 8 octobre 1897 fixant le prix de vente des terres domaniales.

Décret du 2 février 1898 instituant une commission des terres.

Arrêté du 3 février 1898 énumérant les conditions auxquelles l'État met en vente les terres domaniales.

Ainsi que le dit très judicieusement M. Cattier dans son très remarquable ouvrage « Droit et Administration de l'Etat indépendant du Congo » page 381 :

« L'exploitation du sol et du sous-sol constitue l'élément le plus puissant du succès des entreprises coloniales. Aussi l'organisation de la propriété foncière a-t-elle une importance primordiale. Si le régime adopté pour la constatation des droits privés sur les immeubles est simple, facile, si les mutations peuvent se réaliser aisément, rapidement et sans grands frais, la Colonie a de grandes chances de prospérité. Au contraire l'introduction dans les pays neufs des organisations foncières surannées du vieux monde empêche ou entrave leur développement. Le Gouvernement du Congo a fort heureusement évité cet écueil. Sa législation foncière, imitée du Torrens Act, a donné à la propriété immobilière une base aussi sûre que simple ».

S. M. Léopold n'a accordé que peu de concessions. Celles-ci sont tantôt de toute propriété de terres, tantôt de droit exclusif d'exploitation. Les unes sont données gracieusement et les autres moyennant redevances. Mais les droits qu'elles confèrent sont des plus nets et des plus précis.

L'Etat vend ou loue aux particuliers, moyennant des prix fixés à l'hectare, suivant leur situation, certaines terres du domaine privé. Mais en présence de l'affluence qui s'est produite dans les demandes, le Gouvernement a décidé de ne plus donner suite à celles-ci avant mi-1899.

L'exploitation de tous les produits végétaux n'est pas soumise aux mêmes règles ni réglée par les mêmes décrets. Les coupes de bois font l'objet de dispositions spéciales; l'exploitation du caoutchouc et de la gomme copale sont soumises à des régimes particuliers. Tantôt ces exploitations sont cédées moyennant redevances, tantôt elles sont autorisées moyennant patente suivant que les territoires sur lesquels elles s'exercent font partie de telle ou telle région.

Au sujet des opérations commerciales toutes dispositions ont été prises pour que les rivalités fussent restreintes à une concurrence légitime.

En voyant l'organisation de l'Etat indépendant du Congo, l'on n'est pas étonné de l'éclosion rapide de nombreuses entreprises congolaises belges. Le Roi, et à son exemple beaucoup de grands personnages belges ont encouragé des initiatives privées en prenant des intérêts dans plusieurs sociétés qui, ainsi puissamment soutenues, ont surmonté les difficultés inhérentes à toute mise en marche aux Colonies. A fin octobre 1898, il existait 32 sociétés anonymes opérant dans le Congo belge. (Voir la liste, annexe XVI).

Avant de terminer la série des principaux éléments de succès au Congo belge, il ne faut pas oublier que les fonctionnaires ne sont pas administratifs dans le sens désagréable du terme. La plupart d'entre eux sont en quelque sorte des régisseurs du domaine privé, et ils sont souvent les auxiliaires précieux des Sociétés d'exploitation ou de commerce. Ils reçoivent des primes, des indemnités, des gratifications ou des suppléments de traitement suivant la progression de la production des contrées où ils remplissent leurs fonctions. Ce mode d'émulation a fait crier certains pharisiens, mais malgré les inconvénients qu'il peut avoir, il est le meilleur que l'on puisse utiliser aux colonies, surtout dans celles où le climat est pénible. Que ceux qui critiquent cet encouragement pécuniaire aillent donc séjourner et travailler à la Côte occidentale d'Afrique !

Des critiques que j'ai entendu formuler en France à l'égard de la situation des Belges dans l'État indépendant du Congo, celle qui s'accrédite le plus, c'est que la prospérité actuelle ne serait due qu'à la rafle des produits. L'on prétend qu'avant peu d'années les stocks d'ivoire seront épuisés et qu'ils ne se renouvelleront pas, puis, que les Belges n'ont pas la prévoyance de faire des plantations nouvelles, et, bien plus, que dans leur hâte de récolter les richesses existantes, ils laisseraient couper les lianes à caoutchouc.

Je ne sais pas si cette critique est juste relativement à l'ivoire, mais ce dont je suis certain, c'est qu'elle ne l'est pas au sujet des plantations et de la récolte du caoutchouc. En effet, par décret du 1er février 1898, des précautions ont été prises pour la protection des arbres et des lianes à caoutchouc. L'article 6 du décret porte que la récolte ne pourra être faite qu'au moyen d'incisions pratiquées dans les arbres ou lianes.

Quant aux plantations voici ce que je trouve à leur sujet dans l'ouvrage « Droit et Administration de l'État indépendant du Congo » de M. Cattier, pages 319 et 323 :

« *Des cultures domaniales.*

« L'État du Congo a établi, sur différents points de son territoire, d'assez vastes plantations de café et de cacao. Ces cultures sont établies par les soins des commissaires de districts et de leurs agents. Ils engagent, à cet effet, les services d'indigènes qui reçoivent un salaire convenu. Les soldats de la force publique sont aussi, dans certaines limites, employés aux travaux de culture. Ces plantations ressemblent aux plantations des particuliers et il n'y a pas lieu de s'en occuper spécialement. Elles importent au point de vue de l'avenir, car elles peuvent devenir le point de départ d'un système général de cultures gouvernementales. Les cultures établies par les chefs reconnus et par le corps de réserve méritent, au contraire, un examen spécial. »

« *Des cultures des chefs indigènes reconnus.*

« Les chefs reconnus par le gouvernement sont tenus, par décret du 30 avril 1897 (Bull. off., p. 236), d'établir, sur les terres vacantes qui appartiennent à l'État, dans les régions soumises à leur autorité, des plantations de café et de cacao.

« Le commissaire de district, ou son délégué, détermine

l'étendue des plantations à créer par chaque chef. Les bases d'évaluation sont d'abord la densité de la population placée sous l'autorité du chef, ensuite le principe que le gouvernement a droit au vingtième de la somme de travail que cette population peut fournir. »

« *Des cultures du corps de réserve.*

« .... Les réservistes sont répartis en villages de 150 hommes et établissent, en dehors des heures du service militaire, des cultures sur les terres domaniales.

« L'art. 14 du décret du 18 janvier 1898 charge le gouverneur général d'en déterminer les mesures d'exécution. Jusqu'ici ces règlements, s'ils ont été pris, n'ont pas encore été publiés. Il n'est donc pas encore possible d'apprécier l'institution du corps de réserve au point de vue des cultures. »

Au surplus les très importants achats que l'État indépendant du Congo et plusieurs sociétés belges ont faits de plants et graines de tous genres à M. Godefroy-Lebeuf, le savant pépiniériste colonial de Paris, constituent une preuve matérielle que la critique qui s'accrédite n'est pas juste.

En réalité le Roi Léopold a fait au Congo une œuvre durable. S'écartant des routines nuisibles, il a su faire, vite et bien, du grand et du neuf. Pour accomplir sa rude tâche, il a eu des auxiliaires précieux, mais, avec ce discernement spécial aux grands hommes d'État, il a su les choisir. A son nom, l'histoire de l'État indépendant du Congo associera ceux de MM. Stanley, Van Etvelde, Thys, Brown de Tiège, Grisar, Wauters, etc., etc. Tous ces hommes d'élite ont su entraîner dans un unanime élan financiers, industriels, commerçants, cultivateurs, prêtres, juristes, soldats et ouvriers, de telle sorte que finalement l'honneur de ce qui a été fait dans l'État indépendant du Congo rejaillit sur la Belgique tout entière.

Les Belges se sont bien vengés de la légende qui les représentait comme des contrefacteurs, car ils ont donné au monde entier un grand exemple de colonisation.

Constitution coloniale française.

L'on commet une très grande erreur en France en rendant l'Administration responsable des difficultés de la colonisation. C'est dans l'organisation des colonies que se trouve un vice fondamental. En réalité nous n'avons pas une Constitution coloniale bien établie, du moins pour la Côte occidentale d'Afrique, et il s'en suit que les éminents gouverneurs, MM. de Lamothe, Chaudié, Ballay et Ballot ne peuvent pas faire tout ce que leur inspire la connaissance qu'ils ont des pays gouvernés par eux.

Les Administrateurs coloniaux sont actuellement pour la plupart très supérieurs à ce qu'ils étaient autrefois ; cela tient, je crois, à ce que beaucoup d'entre eux ont passé par l'école coloniale qui est magistralement dirigée par M. Aymonnier. Je dirai même qu'étant donné qu'ils sont relativement peu rétribués, ils sont très méritants quand ils remplissent leurs fonctions avec zèle.

Les attachés au Ministère des Colonies sont moins formalistes qu'on ne le suppose, et ils sont généralement favorables à la colonisation.

Quant aux Ministres et Sous-Secrétaires d'État des colonies, sauf un qui s'est rendu célèbre par ses tracasseries, ils ont tous été très bienveillants à l'égard des entreprises de colonisation.

Ce n'est donc pas aux hommes qu'il faut s'en prendre, mais à la Constitution coloniale.

Très heureusement M. Siegfried, pénétré de l'intérêt qu'il y avait à réviser les diverses ordonnances qui régissent l'Administration coloniale, vient de déposer au Sénat un projet de loi ayant pour objet le Gouvernement et l'Administration des Colonies.

Espérons que les Chambres comprendront leur devoir à l'égard des Colonies.

Intérêt de l'Etat au succès des entreprises de colonisation

L'État a le plus grand intérêt à ce que les entreprises de colonisation réussissent, car leur succès est indispensable pour attirer vers les colonies les capitaux et les énergies nécessaires à leur mise en valeur.

La France, s'étant substituée aux rois des pays africains qu'elle a conquis ou qu'elle s'est attribués, est devenue propriétaire d'immenses domaines, et elle doit les mettre en valeur, si elle veut être supérieure à ses prédécesseurs. Elle en tirera d'autant plus de profits que, tout en étant tutélaire et juste à l'égard des indigènes, elle soutiendra les colons dans leur œuvre. Sa bienveillance doit être égale envers tous les Français, mais ne doit-elle pas cependant, dans le cas de choix à faire, se manifester plutôt à l'égard des vrais Français d'origine que de ceux qui le sont devenus à la suite de conquête, et qui souvent ne le sont que par intermittence ! Je dis par intermittence, parce qu'à la côte d'Afrique, les frontières n'étant pas, et ne pouvant pas être indiquées aussi visiblement sur les territoires que sur les cartes, le noir n'est pas toujours fixé sur sa dernière nationalité, et qu'en outre il passe d'un pays à un autre avec facilité. Dans ses déplacements il peut aisément, suivant son intérêt, revendiquer la nationalité du pays où il se trouve. Ainsi j'ai vu un noir qui successivement en Casamance, et en Guinée Portugaise, se prétendait français, puis portugais. Quand il allait en Gambie Anglaise, il devait se dire anglais.

La France, bien souvent agit vis-à-vis des indigènes comme si elle avait à se faire excuser d'être propriétaire des pays dans lesquels ils se trouvent. Elle en arrive à réserver aux noirs la propriété et la jouissance gratuites de très grands terrains comme les Français n'en ont jamais eus gratuitement en France, même dans les temps les plus reculés. Aussi arrive-t-il quelquefois, qu'étant aux colonies, l'Européen peut regretter de ne pas être noir.

Pour le succès de la colonisation, il faut que l'État ne regarde pas l'exploitant comme un quasi-ennemi, mais plutôt comme un associé. Qu'il le laisse donc s'entendre avec les indigènes, et qu'il ne pousse pas son amour de protectionnisme jusqu'à protéger ceux-ci à outrance ! Si le colon n'a pas l'intelligence d'être bon, humain et juste à l'égard des indigènes, eh bien, qu'il le punisse, qu'il lui enlève les concessions qu'il lui aura données ! Une telle sanction serait, à titre d'exemple, bien plus salutaire que toutes les réserves apportées dans les cahiers de charges.

Les idées d'association de l'État avec le concessionnaire paraissent enfin admises en France, car dans le projet-type des cahiers de charges, M. Guillain, le ministre actuel des Colonies, stipule des redevances sur les produits. Il ne faut donc pas désespérer de voir l'État prendre, à l'exemple du roi Léopold, des intérêts dans les Sociétés coloniales. Or, cette mesure serait considérée comme très efficace par quiconque a étudié les modes de colonisation.

Si l'État a le devoir de seconder les colons à leurs débuts, il doit bien plus encore encourager ceux qui, dans leur entreprise, ont fait des sacrifices et ont été opiniâtres.

Ainsi, par exemple, la Compagnie des Caoutchoucs de Casamance est-elle digne du plus grand intérêt !

En effet, cette Société n'est pas un successeur qui aurait repris à vil prix l'actif de la Compagnie Commerciale et Agricole de la Casamance. Les membres de la Compagnie Commerciale et Agricole de la Casamance font partie de la Compagnie des Caoutchoucs de Casamance, non pas, il est vrai, comme actionnaires, mais comme participants aux bénéfices dont 40 % leur sont attribués. Ces anciens actionnaires, et plus spécialement leur ancien président, M. Paul Crépy, qui a agi en Mécène colonial, ont fait de grands sacrifices qu'ils pourront plus ou moins récupérer, suivant la fortune de la Compagnie des Caoutchoucs de Casamance.

Quant aux actionnaires de la nouvelle Société, ils suivent tous sa marche avec un vif intérêt. Ceux d'entre eux qui font partie du Conseil d'administration, administrent réellement, et leurs décisions sont toujours précédées d'une étude approfondie. L'un des deux administrateurs délégués, M. Auguste Collignon, quoique administrateur de très importantes Sociétés, prodigue ses soins à la direction de la Compagnie des Caoutchoucs de Casamance avec l'intelligence et l'énergie dont il est admirablement doué.

Or ce ne peut être que le désir de faire l'essai pratique

des procédés de colonisation qui ait pu amener tous ces hommes vraiment remarquables à administrer et à diriger avec tant de sollicitude la Compagnie des Caoutchoucs de Casamance.

Le Gouvernement se trouve donc ainsi moralement intéressé à la fortune de cette société coloniale.

ALBERT COUSIN.

Paris, le 29 janvier 1899.

ANNEXES

ANNEXES

ANNEXE I — CARTE DE LA CASAMANCE

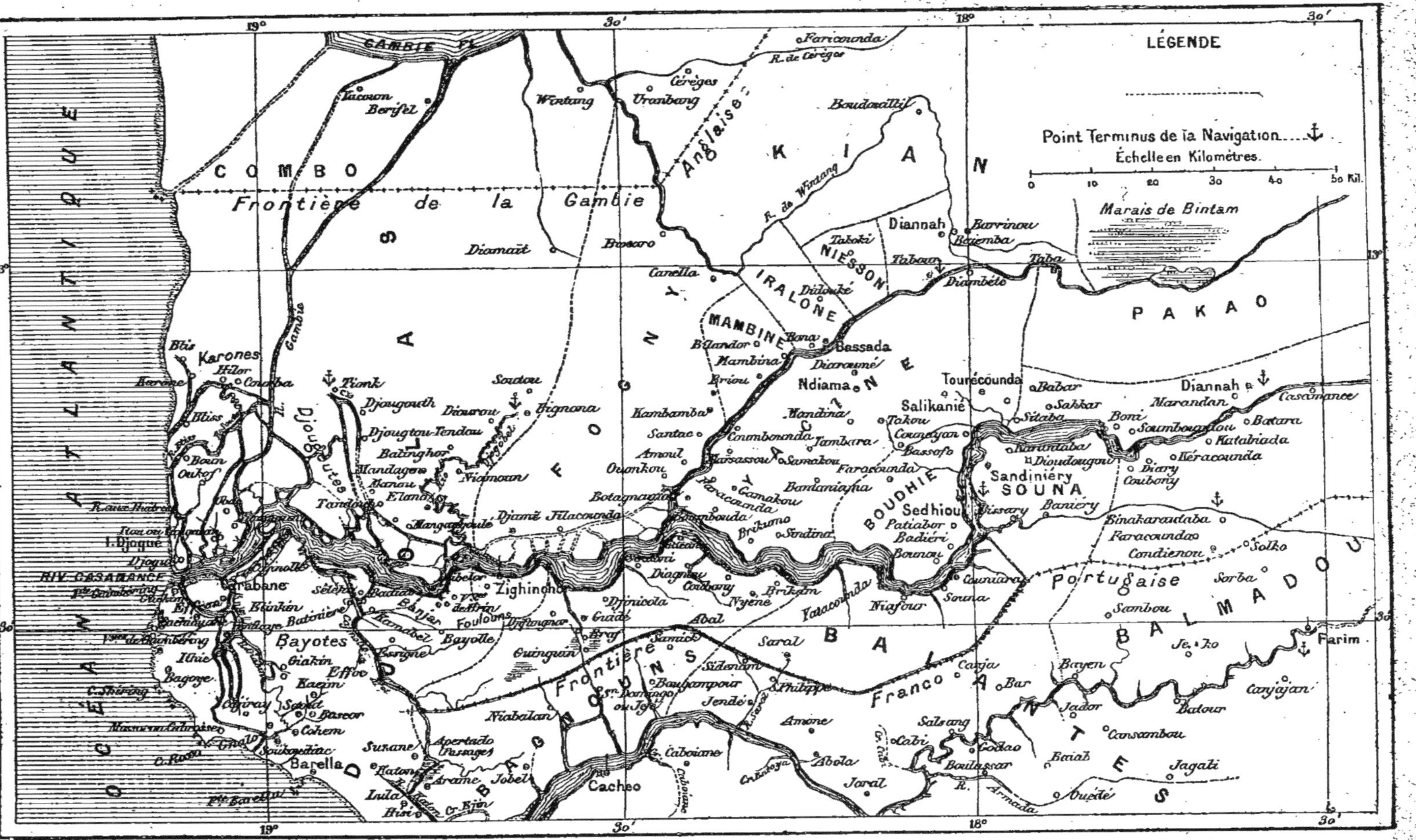

Limite de la Concession

ANNEXE II

DÉCRET PORTANT CONCESSION DU DROIT D'EXPLOITER PENDANT CINQUANTE ANS LES FORÊTS SITUÉES SUR LA RIVE GAUCHE DE LA CASAMANCE

(14 août 1889.)

(Sous-Secrétariat d'État des Colonies : 2e Division ; — 5e Bureau : *Régime économique.*)

Le Président de la République française,

Sur la proposition du Ministre du Commerce, de l'Industrie et des Colonies ;

Vu l'article 18 du sénatus-consulte du 3 mai 1854,

Décrète :

Article premier.

Il est fait concession, à M. Cousin (Albert), aux clauses et conditions et sous les réserves indiquées dans le cahier des charges ci-annexé, du droit d'exploiter pendant 50 ans les forêts situées sur la rive gauche de la Casamance dans un périmètre limité au nord par le fleuve ; à l'ouest par le Marigot de Cajinolle ; au sud par la frontière portugaise ; à l'est par la ligne constituant la frontière Mandingue et allant rejoindre le fleuve entre les Marigots de Mangrougou et de Simbadi, tel du reste que ce périmètre est tracé au rouge sur le croquis joint au présent décret.

Art. 2.

Le Ministre du Commerce, de l'Industrie et des Colonies, est chargé de l'exécution du présent décret, qui sera inséré au *Bulletin officiel de l'Administration des Colonies.*

Fait à Paris, le 14 août 1889.

Signé : CARNOT.

Par le Président de la République :

Le Président du Conseil,
Ministre du Commerce, de l'Industrie et des Colonies,

Signé : P. TIRARD.

DÉCRET PORTANT MODIFICATIONS DU DÉCRET DU 14 AOUT 1889, PORTANT CONCESSION DU DROIT D'EXPLOITER PENDANT CINQUANTE ANS LES FORÊTS SITUÉES SUR LA RIVE GAUCHE DE LA CASAMANCE

(26 décembre 1889.)

(Sous-Secrétariat d'État des Colonies : 2e Division ; — 5e Bureau : *Régime économique.*)

LE PRÉSIDENT DE LA RÉPUBLIQUE FRANÇAISE,

Sur la proposition du Président du Conseil, Ministre du Commerce, de l'Industrie et des Colonies,

Vu l'article 18 du sénatus-consulte du 3 mai 1854,

DÉCRÈTE :

ARTICLE PREMIER.

Le cahier des charges annexé au décret du 14 août 1889 portant concession à M. Cousin (Albert) du droit d'exploiter pendant 50 ans les forêts situées sur la rive gauche de la Casamance dans un périmètre déterminé est et demeure modifié dans ses articles 7, 8 et 11 conformément aux dispositions nouvelles insérées au cahier des charges rectifié qui est annexé au présent décret.

ART. 2.

Le Président du Conseil, Ministre du Commerce, de l'Industrie et des Colonies est chargé de l'exécution du présent décret qui sera inséré au *Bulletin officiel de l'Administration des Colonies.*

Fait à Paris, le 26 décembre 1889.

Signé : CARNOT.

Par le Président de la République :

Le président du Conseil,
Ministre du Commerce, de l'Industrie et des Colonies,

Signé : P. TIRARD.

Annexe du décret du 14 août 1889

CAHIER DES CHARGES

ARTICLE PREMIER.

Le droit d'exploiter pendant une durée de cinquante ans, et à l'exclusion de tout autre concessionnaire, les forêts de la rive gauche de la Casamance, est accordé par l'État aux clauses et conditions qui suivent :

ART. 2.

Le concessionnaire devra s'abstenir de toute exploitation dans la partie des forêts distante de moins de deux kilomètres des villages et d'un kilomètre des surfaces cultivées par les indigènes.

D'autre part, la présente concession ne s'applique qu'aux forêts qui ne seront pas l'objet d'une exploitation régulière et normale de la part des indigènes, sauf dans le cas d'une entente entre le concessionnaire et les indigènes intéressés.

Restent, également, en dehors de la concession, toutes les forêts ou parties de forêts sur lesquelles les indigènes auraient des droits de propriété formellement reconnus.

Dans tous les cas, sur les points où ils sont établis, les indigènes continueront à exercer les servitudes des forêts dont ils jouissaient antérieurement, sans gêner toutefois l'exploitation commerciale du concessionnaire.

Tout acte contraire aux stipulations qui précèdent, entraînera de plein droit le retrait de la présente concession.

ART. 3.

Le concessionnaire exécutera à ses frais tous les travaux auxquels l'exploitation donnera lieu.

Il prendra, à ses risques et périls et sans pouvoir réclamer le concours de l'État, toutes les mesures nécessaires à la sécurité de l'exploitation et à la protection de ceux qui y seraient employés.

ART. 4.

Le concessionnaire exploitera les forêts suivant le régime à son choix ; il aura la faculté d'effectuer les déboisements qui lui paraîtront nécessaires, de créer des plantations nouvelles et, en un mot, d'assurer comme il l'entendra la mise en valeur des territoires occupés.

ART. 5.

Il aura le droit d'ouvrir des routes, de créer des voies de communication en respectant les propriétés des indigènes, d'aménager des portions de forêts contiguës ou séparées, de les enclore par des barrières, d'y élever les constructions nécessaires à l'exploitation et d'y créer des centres habités.

ART. 6.

Le concessionnaire pourra céder, avec l'autorisation du Sous-Secrétaire d'État des Colonies, son droit d'exploiter sur les portions de forêts qui auront été aménagées et mises en valeur comme il vient d'être dit à l'article précédent.

Il versera à l'État, à titre de redevance, la moitié de la somme constituant le prix de la cession.

L'acte de cession devra être fait devant notaire.

ART. 7.

Le concessionnaire devra, à peine de déchéance, constituer dans le délai d'un an, à partir du 14 août 1889, une société en commandite ou anonyme au capital de cinq cent mille francs. Dans le cas de société en commandite, il en fera partie à titre de commandité.

L'acte sera dressé et les apports des différents associés seront constatés par notaire.

Si la société constituée est une société anonyme, elle sera régie par la loi des 24 et 29 juillet 1867.

Elle aura son siège soit à Paris, Marseille, Bordeaux ou le Havre, soit à Saint-Louis ou dans toute autre ville du Sénégal et dépendances, et son conseil d'administration devra comprendre uniquement des membres français.

Le personnel européen nécessaire pour assurer l'exploitation sera exclusivement composé de personnes de nationalité française.

La société pourra céder ses droits, les sous-louer ou en faire apport à une autre personne ou société. Mais ces cession, sous-location, ou apport ne seront valables qu'après ratification par le Département.

ART. 8.

Indépendamment de la redevance éventuelle prévue à l'article 6, le concessionnaire devra verser au profit du budget local des Rivières du Sud :

1° Une redevance fixe de 5.000 francs par an;

Cette redevance sera ramenée à mille francs pour les dix premières années, avec faculté laissée au Département de réduire ce chiffre de moitié ou plus pendant cette période décennale si la nécessité lui en paraît démontrée;

2° Une somme qui sera calculée de la manière suivante, en raison de la quantité de bois exportée :

Pour les 100 premières tonnes. .	5 fr. par tonne;
Pour les 200 tonnes suivantes. .	10 fr. par tonne;
Au-dessus	20 fr. par tonne.

Les autres produits du pays supporteront seulement les droits à la sortie qui seront en vigueur.

Pendant la première année d'exploitation, les redevances proportionnelles pourront être diminuées de moitié par le Département.

ART. 9.

La déchéance sera prononcée si les travaux d'installation ne sont pas commencés dans le délai d'un an ou si l'exploitation proprement dite n'a pas eu lieu dans le délai de deux ans à compter de la date du présent acte.

De même, l'interruption de l'exploitation pendant un an, par le fait du concessionnaire, à quelque époque que ce soit, entraînera de plein droit sa déchéance.

Il en sera de même en cas de non-payement constaté des redevances prévues aux articles 6 et 8.

ART. 10.

La déchéance est prononcée par le Sous-Secrétaire d'État des Colonies.

Le concessionnaire ne pourra prétendre à aucune indemnité pour les travaux qu'il aura exécutés.

Le cautionnement déposé par lui deviendra la propriété de l'État.

Il devra, dans le délai d'un an à compter de la notification de l'arrêté de déchéance, enlever à ses frais le matériel lui appartenant.

Faute de l'enlèvement dans ce délai, le matériel sera repris gratuitement par l'État.

ART. 11.

Pour garantie des obligations qui précèdent, le concessionnaire s'oblige à déposer, dans les dix jours qui suivront la constitution de la Société, un cautionnement de 10.000 francs à la Caisse des dépôts et consignations.

ART. 12.

A l'expiration de la concession, le concessionnaire pourra conserver comme lui appartenant en propre par prescription, les terres ou forêts qui auront été aménagées par lui.

ART. 13.

Le concessionnaire fera connaître, dans le mois qui suivra la constitution de la Société, le lieu où il fait élection de domicile.

ART. 14.

L'Administrateur français de Zighinchor sera chargé, en qualité de commissaire du Gouvernement, d'assurer l'exécution des diverses clauses du présent acte, en particulier, en ce qui concerne les droits réservés aux indigènes.

Le droit de timbre et d'enregistrement des présents est à la charge du concessionnaire.

Le soussigné déclare accepter toutes les conditions du présent cahier des charges.

Fait à Paris, le 26 décembre 1889.

Vu et approuvé l'écriture ci-dessus :

Signé : Albert COUSIN.

Vu pour être annexé au décret du 26 décembre 1889 :

Le Président du Conseil,
Ministre du Commerce, de l'Industrie et des Colonies,

Signé : P. TIRARD.

ANNEXE III

DÉCRET PORTANT MODIFICATIONS A LA CONCESSION FORESTIÈRE ACCORDÉE A M. COUSIN SUR LA RIVE GAUCHE DE LA CASAMANCE

Paris, le 20 août 1894.

(Ministère des Colonies. — Direction des Affaires politiques et commerciales : *Bureau de l'Afrique).*

LE PRÉSIDENT DE LA RÉPUBLIQUE FRANÇAISE,

Sur la proposition du Ministre des Colonies,
Vu l'article 18 du sénatus-consulte du 3 mai 1854,

DÉCRÈTE :

ARTICLE PREMIER.

Le cahier des chargés annexé aux décrets des 14 août et 26 décembre 1889, approuvant la concession faite à M. COUSIN (Albert) sur la rive gauche de la Casamance, est modifié conformément aux dispositions nouvelles insérées à l'avenant qui est annexé au présent décret.

ART. 2.

Le Ministre des Colonies est chargé de l'exécution du présent décret, qui sera inséré au *Bulletin officiel du Ministère des Colonies.*

Fait à Pont-sur-Seine, le 20 août 1894.

Signé : CASIMIR-PERIER.

Par le Président de la République :

Le Ministre des Colonies,

Signé : DELCASSÉ.

Annexe au décret du 20 août 1894

Avenant *au cahier des charges annexé aux décrets des 14 août et 26 décembre 1889, approuvant la concession faite à M.* Cousin (Albert) *sur la rive gauche de la Casamance.*

Article premier.

La concession accordée à M. Cousin (Albert) par les décrets des 14 août et 26 décembre 1889 pour l'exploitation des forêts de la Casamance est étendue, dans les conditions indiquées au cahier des charges annexé à ces décrets, à tous les terrains compris dans les limites de ladite concession, et notamment à ceux qui bordent la rive gauche de la Casamance.

Le long de la rive gauche de la Casamance, les terrains que le concessionnaire aura mis en valeur et qui lui seront concédés à titre définitif, conformément à l'article 12 du cahier des charges, ne pourront avoir un développement ininterrompu dépassant quinze kilomètres pour chaque parcelle, les parcelles pouvant, au gré de l'Administration, demeurer distantes de deux kilomètres entre elles.

Art. 2.

Le concessionnaire s'engage à n'apporter aucune entrave à la culture et à la récolte des produits sur les territoires compris dans le périmètre de sa concession, à respecter les exploitations déjà existantes appartenant à des tiers, de même que tous droits de propriété résultant de contrats valablement établis, enfin à n'apporter aucune restriction à la liberté du commerce, qui reste entière, aussi bien pour les indigènes que pour les Européens.

Art. 3.

Dans les limites des réserves constituées au profit des indigènes par l'article 2 du cahier des charges annexé à sa concession primitive, le concessionnaire pourra, à l'exclusion de tout autre acquéreur ou concessionnaire, obtenir des indigènes, à telle condition que de droit, la cession volontaire des terrains dont il entreprendra l'exploitation. Il devra justifier, à cet égard, auprès de l'Administration, de contrats régulièrement conclus.

ART. 4.

Les bois exportés par le concessionnaire acquitteront les droits à la sortie en vigueur dans la colonie, mais seront exemptés des taxes spéciales imposées par le cahier des charges primitif.

Le soussigné, agissant au nom de la Compagnie Agricole et Commerciale de la Casamance, déclare accepter les conditions du présent avenant, qui modifie et complète le cahier des charges primitif.

Fait à Paris, le 20 août 1894.

VU ET APPROUVÉ l'écriture ci-dessus :

L'Administrateur de la Compagnie Commerciale et Agricole de la Casamance,

Signé : Albert COUSIN.

VU pour être annexé au décret du 20 août 1894 :

Le Ministre des Colonies,

Signé : DELCASSÉ.

ANNEXE IV

COMMISSION DES CONCESSIONS COLONIALES

Projet provisoire de décret-type applicable au bassin intérieur du Congo

LE PRÉSIDENT DE LA RÉPUBLIQUE FRANÇAISE,

Sur le rapport du Ministre des Colonies,

Vu l'article 713 du Code civil ;

Vu l'article 18 du sénatus-consulte du 3 mai 1854 ;

Vu la demande formulée par X.... et publiée au Journal Officiel de la République française en date du ainsi qu'au Journal Officiel de la colonie en date du

Vu les actes généraux de Berlin et de Bruxelles en date des 26 février 1885 et 2 juillet 1890 ;

Vu la délibération du Conseil d'administration de la Colonie ;

Vu l'avis du Gouverneur de la colonie ;

La Commission des concessions entendue ;

DÉCRÈTE :

ARTICLE PREMIER.

Dans le but de coloniser et de mettre en valeur des territoires que l'État (1) possède dans le bassin de tels qu'ils seront délimités par les autorités locales, M. X.... est

(1) On suppose résolue dans le sens du projet de loi actuellement préparé par le Ministre des Colonies, la question du domaine aux colonies : c'est-à-dire attribution à l'État du droit de propriété, et affectation aux budgets locaux des recettes à en provenir,

autorisé, sous la réserve des droits des tiers pouvant exister à ce jour, à s'établir dans ces territoires pendant une durée de ans et à y exercer, aux conditions du présent décret et du cahier des charges y annexé, tous droits de jouissance et d'exploitation, sauf en ce qui concerne les mines dont le régime demeure soumis à la législation en vigueur dans la Colonie.

ART. 2.

Toute terre vivifiée par les soins ou l'industrie du concessionnaire restera sa pleine et entière propriété à l'expiration de sa concession, pourvu que les terres ainsi mises en valeur atteignent la ième partie de l'étendue de la concession.

ART. 3.

Le Gouvernement se réserve, toutefois, tous les terrains nécessaires aux besoins et services de l'administration, ainsi qu'à tous les travaux d'utilité publique qu'il jugerait convenable d'exécuter ou de faire exécuter dans l'avenir. Toutefois, si ces terrains comprennent des établissements commerciaux, agricoles ou industriels, effectivement occupés et exploités par le concessionnaire, il sera alloué à ce dernier une indemnité représentative de la valeur des établissements dont il s'agit. Cette indemnité fixée par une expertise contradictoire devra tenir compte éventuellement de la plus-value résultant pour ces établissements de l'exécution des travaux.

ART. 4.

Si en dehors des travaux publics qui lui sont imposés par le cahier des charges y annexé, M. X.... exécutait des travaux ou des ouvrages qui, bien qu'entrepris dans son propre intérêt, pourraient être utilisés dans un intérêt général, le Gouvernement se réserve la faculté d'en prescrire la remise aux domaines ou aux services intéressés moyennant une juste et préalable indemnité qui se traduira par l'allocation, en toute propriété, d'une quantité de terres donnée ou par la concession de tout autre avantage fixé par l'Administration d'accord avec le concessionnaire.

ART. 5.

Si l'entretien de ces travaux est laissé à sa charge, le concessionnaire pourra être autorisé à percevoir à son profit des droits de péage dont l'assiette, la quotité et le mode de recouvrement seront réglés par arrêté du Gouverneur de la colonie.

ART. 6.

M. X.... devra se substituer une Société anonyme constituée par la loi française au capital minimum de dans le délai de six mois. Il restera pendant trois ans solidairement responsable avec elle des engagements qu'elle aura pris.

Cette substitution devra être approuvée par le Ministre des Colonies, la Commission des concessions entendue (1).

ART. 7.

Les fondateurs n'auront droit qu'au remboursement de leurs avances dont le compte aura été admis par l'Assemblée générale des Actionnaires et accepté par le Ministre des Colonies. Toutefois, les fondateurs, de même que les Directeurs et Administrateurs pourront se réserver une part des bénéfices quand le capital actions aura reçu une rémunération de cinq pour cent.

ART. 8.

Il ne pourra être émis d'obligations pour une somme supérieure au double du montant du capital actions.

Aucune émission d'obligations ne pourra avoir lieu avant que les 3/4 du capital actions aient été versés et affectés à l'objet de la concession.

ART. 9.

Toute cession totale ou partielle de la concession, toute modification apportée à l'organisation de la Société devront être soumises à l'approbation du Ministre des Colonies, la Commission des concessions entendue.

---

(1) Cette clause ne sera pas prévue dans le cas où la concession serait peu étendue.

Toutefois, la Société pourra céder à des tiers, avec l'autorisation du Gouverneur, des lots dont l'étendue ne dépasserait pas 1,000 hectares.

ART. 10.

Le Directeur de la Compagnie et les 2/3 du Conseil d'administration, dont le Président, devront être Français.

Le siège social devra être en territoire français.

ART. 11.

Le représentant du concessionnaire dans la colonie devra être agréé par le Ministre des Colonies sur la demande duquel il pourra toujours être remplacé après avis du Gouverneur. Les agents du concessionnaire pourront recevoir, en vertu d'une commission spéciale du Gouverneur de la Colonie, les attributions d'officier d'état-civil.

Pour la garde de ses établissements, le concessionnaire pourra, avec l'autorisation et sous le contrôle du Gouverneur, introduire dans le territoire concédé, un certain nombre d'armes perfectionnées et les munitions correspondantes.

ART. 12.

Si, dans l'étendue des territoires il existe des populations indigènes, l'emplacement de leurs villages ainsi que leurs terrains de cultures demeureront leur propriété. Le périmètre en sera fait par le Gouverneur de la Colonie qui déterminera également les terrains sur lesquels les indigènes conserveront les droits d'usage qu'ils exercent sur la chasse et la pêche. Les terrains ainsi réservés ne pourront être cédés qu'avec l'autorisation du Gouverneur de la Colonie.

Les mœurs, coutumes, religion et organisation de ces populations devront être rigoureusement respectées.

Les agents du concessionnaire signaleront à l'Administration les actes contraires à l'humanité dont ils seraient les témoins.

S'il survient, à quelque époque que ce soit, un conflit ou litige entre le concessionnaire et les chefs des tribus résidant sur les territoires de la concession, il sera soumis à la décision du Gouverneur et le concessionnaire devra se soumettre immédiatement à cette décision.

ART. 13.

Le Gouverneur de la Colonie ou un agent délégué par lui, est chargé en qualité de commissaire de la République de surveiller la bonne exécution du cahier des charges de la Compagnie et l'observation des dispositions du présent décret.

ART. 14.

M. X.... aura à verser à titre de cautionnement à la Caisse des Dépôts et Consignations une somme de (1) Les quatre cinquièmes en seront rendus au concessionnaire à l'exécution progressive des conditions qui lui sont imposées. Le dernier cinquième ne sera remboursé qu'après l'expiration de la concession.

Le concessionnaire devra en outre chaque année verser à titre de frais de contrôle au budget local de la colonie de une somme de

ART. 15.

Faute par le concessionnaire d'avoir rempli les diverses obligations qui lui sont imposées par le présent décret et le cahier des charges y annexé, il encourra la déchéance qui sera prononcée après mise en demeure par le Ministre des Colonies, la Commission des concessions entendue, sauf recours au Conseil d'État par la voie du contentieux.

ART. 16.

Le concessionnaire reste soumis à tous les droits et impôts existant à ce jour dans la colonie et à tous ceux qui y seraient établis. Il devra en outre verser au budget de la colonie une redevance superficielle de ainsi que les redevances spéciales qui pourraient lui être imposées par le cahier des charges.

---

(1) Le récépissé constatant le versement devra toujours être fourni à l'Administration avant la signature du décret.

ART. 17.

A toute époque de la concession, le Gouvernement jouira du droit facultatif de rachat.

Le cahier des charges déterminera les bases d'après lesquelles ce rachat pourra être effectué.

ART. 18.

L'enregistrement des présentes et du cahier des charges aura lieu au droit fixe de trois francs.

ANNEXE V

EXTRAIT DU COMPTE RENDU DES SÉANCES DU CONSEIL GÉNÉRAL DU SÉNÉGAL

SESSION ORDINAIRE DE 1893
(pages 287 à 289 et 324 à 326)

Séance du 26 décembre 1893

. . . .

M. LE DIRECTEUR DE L'INTÉRIEUR : Je demande la parole.

M. LE PRÉSIDENT : La parole est à M. le Directeur de l'Intérieur.

M. LE DIRECTEUR DE L'INTÉRIEUR : Messieurs, j'ai l'honneur de vous demander l'inscription, au budget de 1894, d'une somme de 60.000 francs pour la Casamance.

Jusqu'en 1890 le district de la Casamance était exploité commercialement par les maisons MAUREL et PROM, MAUREL frères, BLANCHARD et par quelques commerçants opérant à leur propre compte. Les amandes de palme et les arachides constituaient presque toute l'exportation de la rivière et les perceptions douanières n'atteignaient en 1888 que le chiffre de 44.000 francs.

La Compagnie Commerciale et Agricole de la Casamance vint s'établir en 1890 dans les diverses escales de cette rivière ; un an plus tard elle achetait les établissements de ses devanciers, mais peu après la Compagnie française de l'Afrique occidentale et de nouveaux colons venaient créer de nouveaux comptoirs ; grâce au développement de l'exploitation du caoutchouc, le commerce de cette région menait un rapide essor ; aussi l'Administration dût-elle songer à assurer d'une façon parfaite la sécurité des routes, des établissements et des factoreries nouvellement ouverts, la liberté des échanges et le respect des transactions.

Désireuse toutefois de n'engager les finances de la colonie que dans la mesure absolument nécessaire, elle espéra tout d'abord arriver au résultat qu'elle se proposait en plaçant les différentes parties non organisées du pays sous l'autorité de chefs dévoués ou ralliés à notre cause qui auraient pour mission de maintenir la tranquillité parmi les populations Djolas absolument arriérées et restées à l'état d'émiettement par villages ou même par fractions de villages. On espérait ainsi et on était en droit de le croire d'après une enquête faite sur place en 1891 par l'Administrateur colonial Martin, donner au pays un commencement d'organisation sociale, ouvrir de nouvelles voies et de nouveaux débouchés au commerce.

L'expérience qu'on a faite n'a pas donné les résultats qu'on pouvait en attendre. Le Fogny a supporté difficilement l'autorité de Fodé-Kaba, et Mangoné-Sèye a dû être rappelé du Combo à la suite de nombreuses plaintes. L'Administration se voit aujourd'hui contrainte de renoncer à son premier projet et d'adopter un plan d'organisation moins économique, peut-être, mais plus complet et plus sûr.

Or, la Casamance se trouve dans une situation particulière. Tandis que dans les autres parties du Sénégal, une constitution sociale plus complète nous a permis de trouver dans les pays mêmes les ressources nécessaires à faire face aux dépenses d'une première organisation, en Casamance, en raison de l'état d'anarchie où est la population, nous sommes tenus de faire précéder l'organisation à toute perception de taxes ou d'impôts. *Toutefois, le développement remarquable du commerce de toute cette région, les ressources chaque année plus considérables qu'elle apporte au budget général de la colonie, permettent à l'Administration de demander en toute autorité à l'Assemblée locale les moyens de procéder à une nouvelle organisation du pays.* Le montant des droits liquidés en Casamance au profit du service local s'est en effet élevé :

En 1889, à	58.316 fr.	84 c.
En 1890, à	53.710	48
En 1891, à	85.988	52
En 1892, à	142.222	49
En 1893 (1er semestre), à .	103.906	19

Et d'après les derniers renseignements fournis par la douane, le dernier chiffre serait au 1er décembre de 172.233 fr. 90 c.

C'est-à-dire qu'en moins de cinq ans cette dépendance a versé dans la caisse de la colonie la somme considérable de plus d'un demi-million.

Il n'est pas douteux qu'en présence d'une aussi belle situation le Conseil général ne se fasse un devoir, ne tienne à honneur de mettre à la disposition de l'Administration les crédits nécessaires à la nouvelle organisation, c'est-à-dire à assurer les émoluments du personnel à envoyer et à couvrir les frais de premier établissement des deux nouveaux postes à créer dans le Fogny et le Combo ; en tout de 50 à 60.000 francs.

Le Conseil général hésitera d'autant moins à voter les fonds qui lui sont demandés, qu'il reconnaîtra que si la Casamance jouissait d'une autonomie complète comme les Rivières du Sud, ce serait une somme de près de deux cent mille francs qu'elle prélèverait sur les revenus actuels du Sénégal, tandis qu'avec le projet de l'Administration une allocation de soixante mille francs, portant à trois cent mille francs l'article 4 du chapitre 1er, suffira à lui assurer un développement dont la colonie sera la première à tirer profit.

Cette allocation très modique sera affectée au paiement de la solde ou des suppléments de la solde de deux Administrateurs, de deux adjoints des affaires indigènes, de deux commis, d'une vingtaine de gendarmes, de quatre interprètes et aux frais de construction de deux postes, l'un dans le Fogny, l'autre dans le Combo, ainsi qu'au loyer de l'immeuble qui nous est offert pour loger l'Administrateur de la Casamance à Sédhiou.

D'ailleurs, si l'Assemblée locale consentait à voter le crédit qui lui est demandé pour la Casamance, celui-ci pourrait être inscrit au budget, soit sous forme de subvention globale, soit porté à la suite de l'article 4, du chapitre II : AFFAIRES POLITIQUES.

Je remets au Conseil général, dans le cas où votre Assemblée voudrait s'assurer de l'emploi qui sera fait des sommes votées, un état de répartition du crédit de 60.000 francs.

Le Directeur de l'intérieur donne lecture de cet état de répartition avant d'en effectuer le dépôt sur le bureau.

RECETTES

Subvention du Conseil général du Sénégal. . . .	60,000 fr.

DÉPENSES

Indemnité fixe de service, de frais de tournées et de bureau à un administrateur à Sédhiou, commandant supérieur de la Casamance	3,000 fr.
Indemnité fixe de service, de frais de tournées et de bureau à deux adjoints	2,400
Solde de deux commis des affaires indigènes à 3,000 francs l'un	6,000
Solde de vingt gendarmes à 720 francs l'un . . .	14,400
Solde de quatre interprètes dans les postes . . .	6,000
Solde de deux instituteurs à Sédhiou et Carabane.	3,600
Solde d'un traducteur d'arabe à Sédhiou.	120
Indemnité spéciale de fonctions au chef de Sédhiou.	600
	36,120 fr.
Entretien et renouvellement du mobilier des postes	2,000
Entretien du matériel des écoles et fournitures scolaires à Sédhiou et Carabane	600
Frais d'hospitalisation, de courrier, de cadeaux aux chefs	2,000
Location d'un immeuble à Sédhiou	1,500
Construction de deux postes dans le Fogny et le Combo	16,000
Dépenses diverses, imprévues	1,780
Total égal. . . .	60,000 fr.

Séance du 29 décembre 1893

. . . .

M. DE MONTFORT : Messieurs, si l'Administration n'y voit pas d'inconvénient, nous pourrions traiter la demande faite par les Affaires politiques pour le budget de la Casamance. M. le

Directeur des Affaires politiques étant présent à la séance pourrait prendre part, le moment venu, à la discussion.

M. LE DIRECTEUR DE L'INTÉRIEUR : Je n'y vois aucun inconvénient.

M. G. D'ERNEVILLE : Bien qu'ayant déjà demandé de discuter le budget de la Direction de l'Intérieur, je me rallie à la proposition de M. de Montfort

M. LE PRÉSIDENT : Messieurs, nous allons examiner la demande faite par les Affaires politiques. Je prie M. le Directeur de l'Intérieur de bien vouloir inviter M. le Chef de ce service à assister à la séance.

M. MERLIN, directeur des Affaires politiques, entre dans la salle des délibérations et prend place au banc de l'Administration.

M. LE PRÉSIDENT : Je prie M. le Secrétaire de bien vouloir donner lecture du projet de budget de la Casamance.

M. Th. CARPOT donne lecture de ce document : (Voir page 287).

M. CRESPIN : Je remarque que vingt gendarmes et la construction de deux forts constituent la moitié du crédit qui vous est demandé. *Je n'ai pas une confiance illimitée dans nos gendarmes indigènes*, et je suis d'avis que lorsqu'il y a lieu de s'établir sur un point nouveau, c'est à l'État qu'il faut demander des fonds pour créer des forts.

Quant à l'allocation des fonds nécessaires à l'organisation de la Casamance, j'en suis partisan à plus d'un titre : d'abord la Casamance fournit de belles recettes à la colonie; ensuite, elle est appelée, si elle est un peu travaillée dans un sens favorable à en fournir de plus considérables; à ce point de vue, ce sera de l'argent bien placé.

Enfin, je suis heureux de trouver une occasion de prouver à la politique que c'est elle qui s'isole, mais que le Conseil général est toujours bienveillant pour chaque point de la colonie, et que son concours n'est subordonné qu'à deux choses : qu'on le consulte et qu'on arrive à le convaincre.

Revenant aux réserves que j'avais formulées au sujet des gendarmes et des forts, je les voterai encore si la sécurité n'est pas complète dans ces parages.

M. DE MONTFORT : Messieurs, je viens appuyer auprès de vous la demande qui vous est faite.

Vous connaissez tous la Casamance et l'importance de ses recettes. Cette rivière, au même titre que les principaux centres de la colonie, doit bénéficier de ce qu'elle apporte au budget local et recevoir une part équitable dans la répartition de nos travaux.

M. Crespin commet une erreur en parlant de forts. Ce ne sont pas des forts dont la construction est projetée, mais bien de deux simples postes devant être établis dans le Fogny et le Combo. Qu'y a-t-il d'extraordinaire à cela? Nous logeons bien les administrateurs et les commissaires de police et, dès lors, il me paraît tout naturel, en créant des postes nouveaux qui doivent être occupés par des administrateurs et des gendarmes, nouvellement en fonctions, de leur attribuer au moins l'abri qui leur est indispensable. Aussi j'estime que le Conseil peut accorder le crédit qui lui est demandé aussi bien pour le personnel et le matériel que pour la construction des deux postes en question. En allouant la somme de 60.000 francs à la direction des Affaires politiques pour le budget de la Casamance, le Conseil demeure dans la limite de ses attributions et le Département ne pourra pas invoquer ce vote pour laisser à la charge de la Colonie des dépenses de protection.

Messieurs, il ne nous reste plus qu'à voter sur les propositions de l'Administration. Nous sommes tous éclairés sur la question et je serai obligé à M. le Président de vouloir bien la mettre aux voix.

M. le Président : Messieurs, je mets aux voix la demande de l'Administration tendant à allouer à la direction des Affaires politiques une subvention de 60,000 francs destinée au budget de la Casamance.

Adopté à l'unanimité.

M. le Président : Je vous prie de fixer le chapitre auquel ce crédit devra être inscrit.

M. Crespin : Je propose au Conseil de faire figurer ce crédit au chapitre IV : Dépenses diverses.

M. Molinet : Je suis d'avis de l'inscrire au paragraphe des Affaires politiques. En effet, avant que le Conseil général eût adopté en bloc le chiffre de 240.000 francs pour le service des Affaires politiques, le projet de l'Administration, l'année dernière, n'était que de 225 à 230.000 francs. Or, cette année, le Conseil général a accepté une augmentation proposée par l'Administration de 2.410 francs. Par conséquent, le principe de l'inscription en bloc a été détruit et je ne vois pas de raisons pouvant nous empêcher d'inscrire au paragraphe AFFAIRES POLITIQUES les 60.000 francs destinés au budget de la Casamance.

M. LE PRÉSIDENT : Je mets aux voix la proposition de M. Crespin tendant à l'inscription au chapitre IV de la somme de 60.000 francs.

Adopté.

ANNEXE VI

STATISTIQUE DES PRODUITS DE LA CASAMANCE

Produits		Année 1890	Année 1891	Année 1892	Année 1893	Année 1894	Année 1895	Année 1896
Produits sortis de la Casamance								
Caoutchouc	kilos	93.778	139.169	193.135	238.471	396.553	144.592	126 878
Arachides	—	2.504.648	2.904.695	3.035.744	2.983.675	2.917.899	739.319	609.184
Palmistes	—	219.278	608.073	521.094	561.721	808.514	430.420	374.552
Cire	—	2.262	1.567	2.796	2 097	394	330	5.223
Oiseaux	paires	7.087	3.396	6.924	10.387	6.592	8.240	31.430
Ivoire	kilos	244	313	295	479	381	127	64
Peaux	—	12.239	13.521	16.001	17.811	3.404	—	1.312
Roniers	mètres	2.450	4.500	1.500	873	2.966	1.425	911
Quantité exportée par la Compagnie Commerciale et Agricole de la Casamance								
Caoutchouc	kilos	33.315	49.372	164.081	209.446	205.098	La statistique des produits exportés par la Compagnie Coloniale Franco-Africaine, qui, pendant cette période a détenu les comptoirs, manque.	
Arachides	—	817.356	768.753	2.972.580	2.692.361	1.422.674		
Palmistes	—	185.352	251.627	466.502	373.935	431.760		
Cire	—	—	175	677	—	260		
Oiseaux	paires	—	—	5.173	7 983	4.239		
Ivoire	kilos	63	94	227	222	69		
Peaux	—	—	2.997	12.011	16.009	490		
Roniers	mètres	809	3.639	1.500	873	2.966		

Au Congo belge, l'exportation du caoutchouc a suivi la marche suivante :

1893	241.000	kilogrammes
1894	338.000	—
1895	576.000	—
1896	1.317.000	—
1897	1.785.000	—

ANNEXE VII

PROTESTATIONS CONTRE CONCESSIONS A ZIGHINCHOR

Paris, le 3 juin 1893.

A Monsieur le Gouverneur du Sénégal.

MONSIEUR LE GOUVERNEUR,

Nous avons l'honneur de vous informer que nous faisons opposition à ce que concession soit accordée à qui que ce soit sur les territoires de Casamance sis entre le Marigot du Cajinolle et la frontière Mandingue.

Les motifs de cette opposition sont exposés en la consultation écrite que nous a délivrée Me Panhard, avocat au Conseil d'État et à la Cour de cassation ; consultation que nous joignons à la présente lettre.

L'avocat invoque le droit, mais vous nous permettrez de faire en outre appel à l'équité. Vous connaissez les efforts que nous avons faits, les peines et les risques que nous avons eus et que nous aurons longtemps encore. Vous n'ignorez pas que nous avons acheté les trois seules maisons de commerce qui existaient en Casamance, et vous savez aussi que notre concession a contribué à la réunion des capitaux exposés dans notre entreprise. Est-il besoin de vous rappeler l'énorme progression des recettes douanières de la Casamance depuis la création de notre Société ? Dans sa séance du 31 décembre 1892, le Conseil général dit que ces recettes ont été pour l'exercice 1892 de 130.000 francs et qu'elles ont dépassé de 50.000 francs ses prévisions. Or, notre Compagnie a contribué dans ces recettes pour Fr. 120.319,55.

Avez-vous eu une seule plainte de la part des indigènes à notre égard ? Non, à aucune époque. Vous qui visitez la Casamance chaque année, vous aurez certainement remarqué que nous étions très aimés des indigènes, et que nous nous efforcions de répandre la civilisation. Or, pour arriver à ce résultat, nous avons des charges que nous prenons volontairement sans esprit de lucre, telle par exemple celle de la contribution de 3.000 francs au traitement du médecin de la colonie et de la distribution gratuite de médicaments. Jusqu'à présent, notre compagnie a payé ces énormes contributions de tout genre sans demander qu'au moins une bonne partie fut employée à l'amélioration du pays où elle est installée. Aussi ne s'explique-t-elle pas que dans diverses séances le Conseil général ait témoigné une très grande antipathie pour elle. Qu'a-t-il donc à nous reprocher ?

Comme nous avons conscience d'avoir fait tout ce que nous avons pu pour le bien de la Casamance, et que nous sommes disposés à augmenter encore nos efforts, nous espérons que le Conseil général, avant de statuer sur les concessions qui lui sont demandées, voudra bien au moins attendre l'interprétation que nous demandons à l'Administration des Colonies de fixer.

Veuillez agréer..........

Signé : Albert Cousin.

ANNEXE VIII

CONSULTATION DE Mᵉ PANHARD AVOCAT AU CONSEIL D'ÉTAT ET A LA COUR DE CASSATION AU SUJET DE LA CONCESSION

Le soussigné avocat au Conseil d'État et à la Cour de Cassation,

Consulté par la Compagnie Commerciale et Agricole de la Casamance, Société anonyme dont le siège est à Paris, Cité d'Antin, n° 4, sur la question qui va être précisée, après avoir pris connaissance du Journal Officiel du Sénégal du 18 mars 1893, des décrets des 14 août et 26 décembre 1889 accordant une concession à M. Albert Cousin en Casamance, et du cahier des charges y annexé,

Est avis des résolutions suivantes :

Par avis en date du 16 Mars 1893 inséré dans le Journal Officiel du Sénégal des 18 et 25 mars 1893, le Directeur de l'Intérieur de la colonie du Sénégal porte à la connaissance du public la demande de concession provisoire d'un terrain à Zighinchor formée par le sieur E. Salagna, agissant au nom de la Société Flers-Exportation ; le dit terrain serait borné à l'ouest par la concession de la Compagnie Française de la Côte occidentale d'Afrique.

Les intéressés sont informés, dit l'avis ci-dessus visé qu'ils ont trois mois pour faire valoir leurs oppositions.

La concession demandée par la Compagnie Flers-Exportation et celle qui aurait été obtenue précédemment par la Compagnie Française de la Côte occidentale d'Afrique se trouvent dans les limites du territoire qui a fait l'objet de la concession accordée à M. Cousin par le décret du 26 décembre 1889 et dont M. Cousin a fait apport à la Compagnie de la Casamance.

Cette Compagnie a donc un intérêt évident à faire opposition à ces concessions demandées ou obtenues. En a-t-elle le droit? Telle est la question posée au consultant.

Le soussigné, après avoir pris connaissance du cahier des charges annexé aux décrets de 1889, n'hésite pas à affirmer que l'opposition de la Compagnie est fondée et que la concession demandée par la Compagnie Flers-Exportation ne pourrait être accordée qu'en violation des droits qu'elle tient du décret du 26 décembre 1889.

Ce serait en violation de ces mêmes droits qu'une concession aurait déjà été obtenue par la Compagnie de l'Afrique occidentale; mais comme cette concession, si elle a été accordée, n'a pu encore l'être qu'à titre provisoire, la Compagnie de la Casamance est recevable et fondée à s'opposer à ce qu'elle soit transformée en une concession définitive.

La justification de l'affirmation du soussigné résulte aussi bien du texte que de l'esprit du décret du 26 décembre 1889, qui concède à M. Cousin et par suite à la Compagnie de la Casamance le droit exclusif d'exploiter pendant 50 ans les domaines situés sur la rive gauche de la Casamance dans un périmètre déterminé aux termes d'un précédent décret du 14 août 1889 au nord par le fleuve la Casamance, à l'ouest par le Marigot de Cajinolle, au sud par la frontière portugaise, à l'est par la ligne constituant la frontière Mandingue et allant rejoindre le fleuve entre les Marigots de Songrougou et de Simbandi.

Or le territoire de Zighinchor se trouvant situé dans le périmètre ci-dessus indiqué, les concessions demandées ou obtenues par des tiers n'ont donc pu l'être qu'en violation des droits de la Compagnie opposante.

A la vérité, les décrets des 14 août 1889 et 26 décembre 1889 semblent indiquer que la Compagnie exposante n'a eu que la concession des forêts situées dans le périmètre indiqué; mais si on se reporte au cahier des charges annexé, si l'on consulte son esprit, on voit que la concession faite à la Compagnie est absolue et exclusive à l'égard des tiers, que les seules réserves faites en effet à la concession sont relatives aux droits des indigènes.

Dans l'intention de M. Albert Cousin, demandeur en concession, et dans la pensée de l'Administration des colonies qui a préparé le décret de concession, M. Cousin devait recevoir le droit d'exploiter « à l'exclusion de tout autre » les *territoires* compris dans le périmètre de la concession.

C'est ce que l'article 1er du cahier des charges exprime très nettement en ces termes.

> « Le droit d'exploiter pendant une durée de 50 ans et *à l'exclusion de tout autre concessionnaire* les forêts de la rive gauche de la Casamance est accordé par l'État aux clauses et conditions qui suivent ».

Si les mots « Les forêts » sont substitués dans l'article 1er à ceux de « terrains ou territoire » il faut remarquer que d'une part, le « territoire » est employé dans l'article 4 et que d'autre part l'emploi du mot forêt s'explique par cette circonstance que cette région n'étant connue que comme forêts impénétrables, les rédacteurs du décret avaient pensé en se servant de cette expression comprendre tout le territoire. Ne connaissant que des forêts, on concédait tout ce qui était connu : les forêts. Le surplus du décret explique bien cette pensée de ses rédacteurs.

Le décret n'apporte en effet aux droits absolus du concessionnaire d'autre réserve que celles qui sont faites au profit des indigènes auxquels on apporte soit un périmètre de protection autour des villages et des surfaces cultivées, soit la propriété des parties faisant l'objet de leur part d'une exploitation régulière et normale ou sur lesquelles ils pouvaient justifier de droits formellement reconnus de propriété ou de servitude (art. 2).

Mais cette réserve faite, le concessionnaire reçoit tous pouvoirs pour faire les travaux qu'il juge utiles ou prendre les mesures nécessaires à la sécurité de l'exploitation et de la protection de ceux qui y seraient employés (art. 3).

L'article 4 lui permet de reboiser et de faire des plantations nouvelles et en un mot d'assurer comme il l'entendra la mise en valeur des *territoires occupés*.

Or, si le concessionnaire est autorisé à faire des plantations, c'est nécessairement parce qu'on lui a concédé des territoires non plantés, c'est-à-dire autre chose que des forêts.

L'article 5 autorise le concessionnaire à créer des voies de communication, aménager des portions de forêts et d'y créer des centres habités.

L'article 12 dispose enfin qu'à l'expiration de la concession, le concessionnaire pourra conserver comme lui appartenant en propre par prescription *les terres* ou forêts *qui auront été aménagées* par lui.

Le texte du décret de concession est donc bien précis : il accorde à M. Cousin « les forêts », « les terres » et « les territoires » compris dans les limites de sa concession sous les seules réserves des droits spécialement spécifiés des indigènes. Il ne doit y avoir dans le périmètre de la concession que les indigènes et M. Cousin ; il n'y a pas place pour d'autres Européens que ceux que M. Cousin recevra sur sa concession.

Comment pourrait-il en être autrement ?

M. Cousin ne reçoit pas gratuitement sa concession ; et pour sa mise en valeur il devra créer des routes, des postes, faire des installations de toute espèce, créer des relations avec les indigènes et les rendre non seulement bienveillants, mais encore obtenir leur confiance, etc.

Or, comment admettre que ces travaux, cette sécurité qu'il créera devra profiter non seulement aux indigènes et à lui-même, mais encore à des Européens qui, sans danger, sans aucuns risques viendraient à l'heure de la récolte recueillir le profit des travaux et des peines de M. Cousin.

Comment admettre que l'introduction de ces Européens puisse venir compromettre l'œuvre de M. Cousin en rendant peut-être par leurs agissements les indigènes méfiants ou hostiles ?

Le département des Colonies a tenté une innovation ; c'est de confier à l'initiative privée le soin de mettre en valeur un petit territoire colonial ; il faut que l'expérience soit complète et sérieuse et pour cela il est indispensable que le monopole de M. Cousin soit respecté. Que des concessions soient données en dehors du périmètre concédé, sur les rives opposées des cours d'eau limites de la concession, la Société requérante n'aurait rien à dire, mais elle est en droit de s'opposer formellement à toute concession sur son territoire et tout particulièrement à Zighinchor qui est presque au centre de sa concession et où réside l'Administrateur spécialement chargé de veiller à l'application du cahier des charges (art. 14) à l'égard des indigènes.

Si d'ailleurs un doute pouvait s'élever sur l'interprétation de l'acte de concession, l'Administration de la colonie devrait avant de faire droit à la demande de la Société Flers-Exportation et avant de rendre définitive la concession provisoire qui paraît avoir été faite à la Société de l'Afrique Occidentale, demander à l'Administration des colonies l'interprétation de cet acte. Il y a là une question préjudicielle, l'interprétation d'un décret que son auteur seul aurait qualité et compétence pour donner.

Par ces motifs et sans avoir à rechercher si le Conseil général du Sénégal aurait compétence pour faire des concessions de terre en Casamance, le soussigné estime que la Société exposante est fondée à s'opposer formellement à toute concession provisoire ou définitive dans l'étendue du territoire qui lui a été concédé par décret.

Délibéré à Paris, le 31 mai 1893.

Signé : N. PANHARD,
Avocat au Conseil d'État.

ANNEXE IX

VŒU RELATIF AUX MODIFICATIONS A APPORTER AU CAHIER DES CHARGES

(Extrait du registre des Assemblées générales de la Compagnie Commerciale et Agricole de la Casamance)

Assemblée du 22 juin 1894

(Cinquante-cinq actionnaires représentant 3.428 actions)

Les actionnaires de la Compagnie Commerciale et Agricole de la Casamance réunis en Assemblée générale ordinaire, au siège social, 4, Cité d'Antin, le vingt-deux juin mil huit cent quatre-vingt-quatorze,

Considérant :

Que la Compagnie Commerciale et Agricole de la Casamance, concessionnaire de la rive gauche de la Casamance, a acheté tous les comptoirs existant en Casamance, lors de sa formation ;

Qu'au mépris de l'esprit et du texte du décret de concession en date du 14 août 1889, concession a été accordée par le gouvernement du Sénégal à des négociants sur la rive gauche de la Casamance ;

Que ces nouveaux concessionnaires profitent des améliorations apportées dans le pays, grâce aux énormes sacrifices que s'est imposés la Compagnie ;

Que l'interprétation que fait le gouvernement du Sénégal des clauses et conditions du décret de concession du 14 août 1889, entrave les exploitations de la Compagnie ;

Considérant d'autre part :

Que l'Administration des Douanes en Casamance a perçu durant l'année 1893 plus de 200.000 francs ;

Que la Compagnie Commerciale et Agricole de la Casamance a contribué à cette somme pour 172.848,66 ;

Que le Directeur de l'Intérieur, dans la séance du Conseil général du 26 décembre 1893, reconnaît « qu'en moins de cinq « ans cette dépendance (la Casamance) a versé dans la caisse de « la colonie la somme considérable de plus *d'un demi-mil-* « *lion* » ;

Que le Conseil général ne vote que des sommes insignifiantes pour l'amélioration de la Casamance ;

Que du reste ces crédits ne sont affectés qu'à des dépenses d'aucune utilité pour le développement du commerce et l'amélioration de la rivière ;

Que la Casamance est dépourvue de tout moyen de communication rapide ; qu'elle n'a pas encore de télégraphe ;

Que la presque totalité des impôts perçus en Casamance profite uniquement au Sénégal ;

Considérant en outre :

Que la Compagnie Commerciale et Agricole de la Casamance a dépensé des sommes importantes pour ses exploitations ;

Que c'est grâce au développement qu'elle a donné aux affaires en Casamance que les recettes douanières augmentent, chaque année, dans de fortes proportions ;

Qu'elle pourrait augmenter encore le chiffre de ses exportations, et partant celui des sommes versées à la douane si elle n'était pas entravée dans son essor ;

ÉMETTENT LE VŒU :

Que toutes modifications nécessaires soient apportées au cahier des charges annexé au décret de concession du 14 août 1889, de telle façon qu'aucune interprétation fausse ou erronée ne puisse en être faite ;

Que la Casamance ait un gouvernement autonome ou tout au moins qu'elle soit détachée du Sénégal ;

Que si l'une de ces deux mesures ne peut être prise immédiatement, le Ministère des Colonies veille à ce qu'une grande partie des recettes douanières de la Casamance soit employée à l'amélioration du pays.

En conséquence, les actionnaires donnent mission au Conseil d'Administration de porter ce vœu à la connaissance de M. le Ministre des Colonies, dont la sollicitude intelligente pour les intérêts coloniaux voudra certainement arrêter le découragement dont commencent à être pris les Français qui ont fondé et soutenu de leurs capitaux la Compagnie Commerciale et Agricole de la Casamance.

ANNEXE X

POURVOI AU CONSEIL D'ÉTAT CONTRE LA CONCESSION
RÉPONSE DU MINISTRE DES COLONIES

Nos 84,361 et 85,688.
Pourvoi du Conseil général du Sénégal contre la concession forestière de la Casamance et contre la concession Charvet.

Ministère des Colonies.

Paris, le 5 juin 1896.

MONSIEUR LE PRÉSIDENT,

A la date du 28 avril dernier, vous avez bien voulu demander l'avis de mon département sur un pourvoi formé devant le Conseil d'État par M. d'Erneville, agissant comme président et au nom du Conseil général à l'effet de faire annuler pour excès de pouvoir un décret en date du 20 août 1894 portant modifications à la concession forestière accordée à M. Cousin sur la rive gauche de la Casamance et en tant que de besoin, deux précédents décrets en date des 14 août et 26 décembre 1889.

Depuis lors et par lettre du 12 février dernier, vous avez bien voulu communiquer à mon prédécesseur un pourvoi formé devant le Conseil général du Sénégal contre un décret du 10 mars 1893 portant concession à M. Charvet de la partie française du territoire du Cap Blanc, située entre la pointe du cap et le fond de la baie du Lévrier.

Mon département a dû jusqu'à présent retarder sa réponse et le renvoi des pièces communiquées, le Comité consultatif du Contentieux au Ministère des Colonies ayant été appelé à examiner la régularité de ces concessions, et mes prédécesseurs ayant tenu à se prononcer sur l'opportunité de leur maintien au point de vue particulier auquel se place le Conseil général du Sénégal et dont le Comité du Contentieux du Ministère des Colonies n'a pas eu à se préoccuper, je ne crois pas pouvoir davantage retarder l'avis de mon département.

I.

En ce qui concerne le premier pourvoi (concession de la Casamance), le Conseil général attaque les décrets visés à un double point de vue :

1° Ils auraient dû, par application des articles 33 et 35 § 8 du décret organique du 4 février 1879, être précédés des délibérations du Conseil général ;

2° La concession qu'ils accordaient à M. Cousin se trouvait en contradiction avec le principe fondamental de la liberté du Commerce.

Le Conseil général n'a pas qualité pour juger par voie de théorie, et surtout pour attaquer par un recours contentieux, un système économique qu'un Ministre des Colonies a pu croire utile au développement de nos possessions et dont il est responsable devant les Chambres. Ce n'est que sous la forme d'un vœu (article 32 du décret du 4 février 1879) qu'il pourrait ainsi se prononcer sur une question d'administration générale. Il ne saurait prétendre davantage sauvegarder au Sénégal contre M. Cousin le principe de la liberté du commerce, il se ferait alors le gérant d'affaires de quelques négociants dont la concession de la Casamance a pu contrarier les entreprises, le syndic de leurs intérêts lésés dans le présent ou plus exactement menacés dans leur développement futur. Sous ce rapport même, le Conseil général sort de son rôle, en tant qu'Assemblée délibérante, étrangère à toute action administrative, à l'initiation de tout recours contentieux qui aurait pour objet de défendre des intérêts particuliers.

Les décrets ont été rendus en vertu d'une délégation générale de la puissance législative que le pouvoir exécutif, pour le Gouvernement de certaines colonies, tient toujours de l'article 18 du Sénatus-Consulte du 3 mai 1854. Or, il n'est pas admissible que l'État, dans l'exercice de ses pouvoirs législatifs, soit enchaîné par un décret, ce décret fût-il, comme celui du 4 février 1879, rendu lui-même en vertu du Sénatus-Consulte de 1854.

(Voir arrêt du 16 novembre 1894. Nouvelle-Calédonie.)

Ainsi les décrets attaqués, intervenant en vertu de l'article 18 du Sénatus-Consulte de 1854, ont pu déroger aux dispositions du décret du 4 février 1879. Ils ont pu, de même, malgré l'opinion contraire du Conseil général, déroger aux dispositions de l'ordonnance du 17 août 1825, s'il est vrai qu'en vertu de cette ordonnance les territoires de la Casamance auxquels s'applique la concession de M. Cousin fassent partie du domaine colonial et que les autorités locales seules, puissent moralement en disposer, il ne s'ensuit pas que cette situation ne soit pas susceptible d'être un jour modifiée, soit par un acte particulier, soit par une mesure générale. L'État n'a jamais déclaré qu'il se refuserait toujours à reprendre possession pour lui-même ou à disposer en faveur d'autrui, d'une partie du domaine dont il faisait abandon au service local. Il n'a frappé, vis-à-vis de lui-même, d'une indisponibilité immuable et perpétuelle que les territoires qu'à un moment donné il a pu considérer comme se rattachant au domaine local d'une de nos Colonies. Un engagement de ce genre, s'il avait été pris, pourrait-il dans tous les cas, prévaloir contre les intentions nouvelles de l'État, contre une volonté nouvelle du législateur ?

En réalité du reste, l'ordonnance du 17 août 1825 n'a jamais eu en droit, quant à l'étendue du domaine local du Sénégal, qu'une portée très indécise. En dehors des « propriétés domaniales » alors occupées par l'État et dont l'ordonnance de 1825 lui faisait expressément abandon, la Colonie n'a pu considérer tous autres territoires, des forêts de la Casamance notamment, comme faisant partie du domaine que par une tolérance de fait de l'administration métropolitaine.

Pour ces diverses raisons, je doute que le Conseil général puisse considérer comme illégalement rendus les décrets du 20 août 1894, du 14 août et du 26 décembre 1889, et annuler ces décrets pour excès de pouvoir.

A Monsieur le Président de la section du Contentieux du Conseil d'État.

ANNEXE XI

POURVOI AU CONSEIL D'ÉTAT CONTRE LA CONCESSION
MÉMOIRE DE Mᵉ PANHARD, AVOCAT AU CONSEIL D'ÉTAT

OBSERVATIONS :

Pour 1° M. Albert COUSIN demeurant à Paris, 4, Cité d'Antin.
2° La Compagnie Agricole et Commerciale de la CASAMANCE dont le siège social est à Paris, 4, Cité d'Antin.

I.

Le pourvoi formé sous le N° 85,688 par le Conseil général du Sénégal tend à faire annuler la concession accordée à M. Cousin par les décrets des 14 août et 26 décembre 1889, et 20 août 1894. Aux termes de l'article 7 du cahier des charges de la concession « le concessionnaire devait, à peine de déchéance, constituer, dans le délai d'un an à partir du 14 août 1889, une Société en commandite ou anonyme au capital de 500,000 francs ».

En exécution de cette disposition, M. Albert Cousin a apporté sa concession à la Compagnie Commerciale et Agricole de la Casamance, constituée le 16 janvier 1890 au capital de 800,000 fr. Ce capital fut successivement augmenté et porté à 2,000,000.

M. Albert Cousin, apporteur, comme la Société constituée en 1890, ont donc intérêt et par suite qualité pour intervenir et défendre les droits qu'ils ont chèrement payés et exploités depuis plus de huit ans sans discussion. Ils établiront très brièvement la légalité des concessions dont ils jouissent, mais ils doivent au préalable examiner la recevabilité du recours.

II.

Les Conseils généraux sont des corps délibérants qui n'ont aucune parcelle du pouvoir exécutif. Il s'en suit que s'ils peuvent décider qu'une action sera intentée, ils n'ont pas la qualité pour la suivre. De même que le Préfet représente en France le département et l'État, dans les actions que le Conseil général a résolu d'intenter, de même le Gouverneur dans les Colonies, doit seul représenter les Colonies dans les actions que les Conseils généraux ont résolu de former.

A ce premier point de vue le recours formé par le Président du Conseil général, au nom de cette Assemblée, contre une décision du Président de la République n'est pas recevable, la Colonie ne pouvant être représentée que par le Gouverneur.

III.

Le recours est en outre tardif, car les questions qu'il soulève ne sont pas nées à la suite du décret attaqué du 20 août 1894; ce sont les décrets originaires du 14 août et du 26 décembre 1889 qui les ont fait naître. Or, ces décrets sont aujourd'hui tardivement attaqués, et le décret de 1894 qui n'est au point de vue général et au point de vue des principes que confirmatif des décrets de 1889 n'a pas ouvert un nouveau délai de recours contre ceux-ci. Dès lors, le pourvoi contre le décret confirmatif de 1894 est aussi bien tardif que le recours contre les décrets de 1889.

IV.

D'autre part, le Conseil général est sans qualité pour se pourvoir à raison d'une prétendue atteinte au commerce et à l'industrie que contiendraient les décisions attaquées. On comprendrait le recours d'un commerçant évincé ou entravé dans ses opérations. On ne comprend pas l'intervention du Conseil général qui n'a pas dans ses attributions le devoir de sauvegarder les intérêts particuliers qui peuvent être lésés.

On peut au surplus, s'étonner que le Conseil général se plaigne en 1895 de décrets qui ont apporté la richesse dans la Colonie; il nous suffira de mettre sous les yeux du Conseil le tableau des produits exportés de Casamance de 1889 à 1894.

L'exportation du caoutchouc qui était de 93,000 kilos en 1890 atteint successivement 139,000 en 1891, 193,000 en 1892 ; 239,000 en 1893, et 396,000 en 1894.

Dans la même période le tonnage des arachides passe de 2,500,000 kilos à 2,920,000 kilos.

Celui des palmistes de 219,000 kilos à 810,000 kilos.

L'ivoire passe de 244 kilos en 1890 à 313 en 1891 — 295 en 1892, 479 en 1893 et 581 en 1894 etc.

Ces chiffres suffisent pour démontrer que la Compagnie n'est pas restée inactive et que les 2,000,000 qu'elle a semés dans la Colonie ont produit des fruits. L'intérêt de la Colonie comme celui de l'Etat est donc de soutenir la Compagnie et on ne comprend pas le sentiment qui conduit le Conseil général à vouloir tuer la poule aux œufs d'or.

V.

Ces fins de non recevoir et ces considérations semblent décisives, et elles nous dispenseront d'insister longuement sur le fond du recours.

Le Président de la République avait-il le droit de donner la concession contestée ? Le doute ne semble pas possible. Si l'ont se refère à l'ordonnance du 17 août 1825, on voit qu'il ne s'agissait que d'une mesure d'ordre financier. La Métropole voulant se décharger des dépenses coloniales autres que celles de la guerre et de la marine a dit aux Colonies : vous paierez toutes les dépenses, et je vous remets en échange les biens productifs de revenus ou affectés aux services publics. C'est ce qui résulte des expressions de l'article 5 « *à la charge de les réparer et entretenir* » et « sont également remis aux Colonies les noirs et objets mobiliers attachés aux différentes branches *du service* ». On ne peut voir dans ces mots, ni dans l'objet de l'ordonnance rien qui puisse faire supposer l'intention d'abandonner aux Colonies la propriété du sol domanial.

L'interprétation que nous donnons de l'ordonnance de 1825 est celle que l'Administration a toujours soutenue ; notamment dans le rapport du Conseil supérieur des Colonies sur la question des Compagnies de colonisation.

Le Conseil d'État en jugeant le 5 mars 1897 (p. 194) que le retrait des concessions Verdier et Daumas, était irrégulier et en déclarant le droit de ces concessionnaires à une indemnité, a implicitement déjà reconnu que les concessions, de la nature de celles de M. Albert Cousin, faites par le chef de l'État étaient régulières.

M. Laferrière (2e Ed. L. 1, p. 607) admet aussi la régularité de ces concessions en déclarant que l'État agit en ce cas, moins comme propriétaire que comme pouvoir politique; en se plaçant à ce point de vue, le chef de l'État a seul évidemment le pouvoir d'accorder ces concessions.

Nous indiquerons enfin une raison décisive à l'appui de notre thèse.

On ne saurait contester, et on ne conteste pas, que le chef de l'État peut enlever une partie du territoire d'une colonie pour l'ajouter à une autre ou en créer une nouvelle. Il agit en ce cas comme administrateur et non comme législateur, et cependant personne ne songe à exiger l'avis préalable du Conseil général de la colonie démembrée, c'est la démonstration que le sol n'appartient pas à la colonie.

Nous pouvons encore faire remarquer cette situation singulière de la Casamance qui n'a pas même de représentant au Conseil général et dont le sol serait néanmoins à la disposition de celui-ci.

Si donc l'État est propriétaire du sol concédé, non seulement le chef de l'État peut accorder la concession, mais il n'a pas au préalable à demander l'avis du Conseil général puisqu'il ne s'agit pas de domaine colonial.

VI.

Par ces motifs les exposants concluent à ce qu'il plaise au Conseil de déclarer non recevable et subsidiairement mal fondé, le recours du Conseil général du Sénégal et le condamner aux dépens.

ANNEXE XII

ARRÊT DU CONSEIL D'ÉTAT

85,688
Adopté
le 17 juin 1898.
Lu le 24 juin
1898.

S[r] d'Erneville
au nom du
Conseil général
du Sénégal.

Le Conseil d'État statuant au contentieux.

Sur le rapport de la section du Contentieux,

Vu la requête sommaire et le mémoire ampliatif présentés pour le sieur d'Erneville, agissant comme président et au nom du Conseil général du Sénégal, à ce dûment autorisé par délibération spéciale dudit Conseil général en date du 21 décembre 1894, ladite requête et ledit mémoire enregistrés au Secrétariat du Contentieux du Conseil d'État les 25 mars et 19 août 1895, et tendant à ce qu'il plaise au Conseil casser et annuler avec toutes conséquences de droit, pour excès de pouvoirs, le décret en date du 20 août 1894 apportant des modifications à la concession forestière faite au sieur Albert Cousin sur la rive gauche de la Casamance par deux précédents décrets des 14 août et 26 décembre 1889, et en tant que de besoin ces deux derniers décrets;

Ce faisant, attendu que le territoire de la Casamance fait partie du domaine de la Colonie, qu'il est placé sous le régime de l'administration directe, que par suite il ne pouvait être concédé en tout ou en partie que sous les formes et conditions prescrites pour l'aliénation ou la location du domaine colonial, particulièrement par les articles 33 et suivants du décret du 24 février 1879 ;

Attendu que c'est par un double excès de pouvoirs que non seulement il a été procédé par décret du Président de la République, mais que le décret de concession a été rendu sans que l'assentiment du Conseil général ait été demandé ;

Attendu que c'est vainement que l'on soutiendrait que le chef de l'État a pu légitimement faire usage dans la circonstance des pouvoirs qu'il tient de l'article 18 du Sénatus-Consulte du 3 mai 1854 ;

Qu'en effet la délégation du pouvoir législatif laissée par le Sénatus-Consulte au chef de l'État ne pouvait l'autoriser à ne pas se conformer dans le cas particulier au décret organique non abrogé qu'il a édicté lui-même ;

Que tel est le caractère du décret de 1879 créant un Conseil général au Sénégal et fixant ses attributions ;

Qu'à supposer même que le chef de l'État put faire la concession, par décret, encore y avait-il obligation de prendre l'avis du Conseil général ;

Attendu qu'outre le double excès de pouvoirs dont il est entaché du fait de la violation du décret du 4 février 1879, le décret attaqué est encore nul, soit parce qu'il contient une délégation partielle au concessionnaire de la souveraineté, soit parce qu'il porte atteinte au principe fondamental de la liberté du commerce ;

Qu'en effet c'est bien déléguer les droits de l'État que de donner au concessionnaire l'emploi de la force publique en l'autorisant, à ses risques et périls et sans réclamer le concours de l'État, à prendre toutes les mesures nécessaires à la protection de l'exploitation, aussi bien que de lui laisser l'entière liberté pour le régime des forêts et des routes ;

Que de même c'est bien porter atteinte au principe de la liberté du commerce que de donner au concessionnaire la faculté, à l'exclusion de tout autre acquéreur ou concessionnaire, d'obtenir des indigènes à telles conditions que de droit la cession volontaire des terrains dont il entreprendra l'exploitation ;

Que cette disposition a bien pour effet de frapper tout le domaine compris dans la concession d'une véritable mise hors du commerce, d'une indisponibilité absolue au préjudice de tous autres commerçants, propriétaires ou industriels, au seul profit du concessionnaire ;

Vu les observations du Ministre des Colonies en réponse à la communication qui lui a été faite du pourvoi, lesdites observations enregistrées comme ci-dessus le 6 juillet 1896, et tendant à ce qu'il plaise au Conseil de rejeter ledit pourvoi par les motifs :

En ce qui touche les prétendues délégations de souveraineté au concessionnaire, que le Conseil général du Sénégal n'a pas qualité pour attaquer par un recours contentieux un système d'action économique dont le Ministre qui l'a appliqué est responsable seulement devant les Chambres ;

En ce qui concerne la régularité de la concession, que le décret attaqué de 1894 ainsi que les deux décrets de 1889 ont été rendus en vertu de la délégation générale de la puissance législative que le chef de l'État tient toujours du Sénatus-Consulte de 1854, que l'État, dans l'exercice de son pouvoir législatif, ne pouvait être enchaîné par le décret du 4 février 1879 rendu lui-même en vertu de ce même Sénatus-Consulte pas plus que le Parlement lui-même ne pourrait l'être, que ces décrets qui ont pu valablement déroger au décret du 4 février 1879 ont pu tout aussi valablement déroger à l'ordonnance du 17 août 1825, que d'ailleurs en ce qui concerne l'application et étendue de cette dernière ordonnance on ne saurait admettre que l'État ait entendu renoncer à reprendre jamais pour lui-même ou à disposer pour autrui d'une partie du domaine dont il faisait remise au service local, que l'abandon dont se prévaut le Conseil général est plutôt le fait d'une tolérance que d'un droit certain ;

Vu les nouvelles observations présentées pour le Conseil général du Sénégal, lesdites observations enregistrées comme ci-dessus le 31 mars 1897 et tendant aux mêmes fins que la requête et par les mêmes motifs ;

Vu le mémoire en intervention présenté : 1° pour le sieur Cousin Albert ; 2° la Compagnie Commerciale et Agricole de la Casamance, dont le siège est à Paris, 4, Cité d'Antin, ledit mémoire enregistré comme ci-dessus le 16 juin 1898 et tendant au rejet du pourvoi et condamner le Conseil général aux dépens ;

Attendu, d'une part, que le Gouverneur pouvant seul représenter les colonies dans les actions que les Conseils généraux ont résolu de former, le pourvoi formé par le Président du Conseil général n'est pas recevable ;

Que d'ailleurs, le recours est tardif, le décret de 1894 simplement confirmatif des décrets de 1889 n'ayant pu ouvrir un nouveau délai de recours contre les décrets devenus définitifs ;

Attendu, d'autre part que le Président de la République n'a pas excédé ses pouvoirs en accordant la concession contestée, qu'en effet l'ordonnance de 1825 n'a pas la portée que lui attribue la requête, qu'elle n'a pas eu pour effet d'abandonner aux colonies le sol domanial, que, d'ailleurs, en consentant les concessions de la nature de celle faite au sieur Albert Cousin l'État agit moins comme propriétaire que comme pouvoir politique et qu'en ce plaçant à ce point de vue le Chef de l'État a seul qualité pour agir sans qu'il y ait lieu de prendre l'avis du Conseil général ;

Vu le décret attaqué du 20 août 1894 ensemble les décrets des 14 août et 26 décembre 1889 ;

Vu la délibération du Conseil général du Sénégal en date du 21 décembre 1894 ;

Vu le Sénatus-Consulte du 3 mai 1854 ;

Vu l'ordonnance du 17 août 1825 ;

Vu le décret du 4 février 1879 ;

Vu le décret du 22 juillet 1806 et la loi du 24 mai 1872 ;

Ouï M. Vel-Durand, conseiller d'État, en son rapport ;

Ouï M. Maurice Bonnet, avocat du sieur d'Erneville, et Me Panhard, avocat du sieur Albert Cousin et de la Compagnie Commerciale et Agricole de la Casamance ;

Ouï M. Arrivière, maître des requêtes, commissaire du gouvernement en ses conclusions ;

En ce qui concerne l'intervention du sieur Albert Cousin et de la Compagnie Commerciale et Agricole de la Casamance ;

Considérant qu'ils ont intérêt au rejet du pourvoi, que dès lors leur intervention est recevable ;

Sur le pourvoi du sieur d'Erneville agissant au nom du Conseil général ;

En admettant même que le sieur d'Erneville ait qualité pour l'introduire ;

Considérant que si par le décret attaqué du 20 août 1894 des modifications ont été apportées à certaines conditions de la concession qui ont fait l'objet des deux décrets des 14 août et

26 décembre 1889 ce décret ne fait cependant que confirmer les deux précédents ;

Considérant que ces décrets ont reçu leur exécution sans avoir été l'objet d'aucun pourvoi dans les délais légaux, qu'ils sont devenus définitifs et que le décret attaqué n'a pu ouvrir contre eux un nouveau délai de recours, qu'ainsi la requête doit être déclarée non recevable ;

DÉCIDE :

ARTICLE PREMIER.

L'intervention du sieur Albert Cousin et de la Compagnie Commerciale et Agricole de la Casamance est admise.

ART. 2.

La requête du sieur d'Erneville es-qualité qu'il agit est rejetée.

ART. 3.

Le sieur d'Erneville supportera les frais de timbre de la requête en intervention.

ART. 4.

Expédition de la présente décision sera transmise au Ministre des Colonies.

ANNEXE XIII

CONCESSION DE LA SOCIÉTÉ BELGE LA COMPAGNIE DU CONGO POUR LE COMMERCE & L'INDUSTRIE

CONVENTION

Entre les soussignés :

D'une part,

MM. le général Strauch, administrateur général du département de l'Intérieur; Hubert Van Neuss, administrateur général du département des Finances, et Edmond Van Etvelde, administrateur général du département des Affaires étrangères et de la Justice, agissant au nom de l'État Indépendant du Congo, spécialement autorisés aux fins des présentes par un décret de Sa Majesté le Roi, souverain de cet État, du 25 de ce mois ;

Et, d'autre part,

MM. Gustave Sabatier, membre de la Chambre des représentants de Belgique ; Jules Urban, ingénieur ; Adolphe de Roubaix, industriel, et Albert Thys, capitaine d'état-major, officier d'ordonnance du Roi, le premier président, le second viçe-président, et les deux derniers administrateurs délégués de la Société anonyme belge « Compagnie du Congo pour le Commerce et l'Industrie », agissant au nom de cette Compagnie en vertu de l'article 24 de ses statuts, et des pouvoirs qui lui ont été spécialement délégués par le Conseil d'administration de ladite Compagnie, dans sa séance du 9 février dernier,

Il a été convenu ce qui suit :

ARTICLE PREMIER.

La Compagnie s'engage à faire à ses frais l'étude complète

d'un chemin de fer reliant, dans les conditions les plus favorables, le Bas-Congo au Stanley-Pool.

Ce chemin de fer devra être entièrement sur le territoire de l'État Indépendant du Congo. Il pourra être en deux tronçons reliés par une partie navigable du fleuve.

ART. 2.

Sauf le cas de force majeure et sous peine de résiliation du présent contrat, l'étude devra être terminée dans un délai de dix-huit mois, et la Compagnie devra remettre à l'État, à l'expiration de ce délai, une expédition des études faites comprenant le tracé de la ligne, les profils, les plans généraux des travaux d'art, des installations et de toutes les dépendances, les types du matériel et un devis estimatif.

La Compagnie remettra en même temps à l'État un relevé justificatif des dépenses qu'elle aura effectuées pour l'exécution de ce travail.

ART. 3.

L'État concède à la Compagnie, comme prix de ses études, et sous les réserves indiquées à l'article 7 ci-après, la pleine propriété de 150,000 hectares de terres, que la Compagnie choisira au plus tard trois mois après avoir remis à l'État le travail mentionné à l'article 2.

Au cours de ses études, la Compagnie pourra exercer son droit d'option en désignant à l'Etat les terres qu'elle veut se réserver ; elle pourra provisoirement prendre possession de ces terres et les exploiter au mieux de ses intérêts ; mais leur propriété ne sera définitivement acquise à la Compagnie qu'après réception par l'État du travail sus-indiqué.

ART. 4.

Pendant un délai de dix-huit mois, à partir de la remise des études, la Compagnie aura le droit d'option pour la concession de la construction de la ligne et de son exploitation pendant 99 ans aux conditions d'un cahier des charges arrêté d'avance.

Dans le cas où, après ce terme de dix-huit mois et dans les trois ans qui suivront la remise des études, l'État Indépendant du Congo voudrait adopter un cahier des charges autre que celui proposé à la Compagnie, il est entendu que celle-ci serait admise de nouveau à exercer, avant l'adjudication, le droit d'option qui lui a été concédé par le paragraphe ci-dessus.

Au bout du terme de 99 ans stipulé plus haut, le chemin de fer et ses dépendances deviendront la propriété de l'État.

ART. 5.

L'État garantit dès à présent à la Compagnie, si elle fait usage du droit d'option stipulé à l'article 4, un minimum d'avantages fixé comme suit :

A. La concession de tous les terrains nécessaires pour l'établissement de la voie et de ses dépendances, y compris les quais d'embarquement et de débarquement à chaque terminus du chemin de fer ; ces terrains seront, au besoin, expropriés par l'État et à son compte, pour être remis sans frais à sa Compagnie. Il est entendu que l'on adoptera, autant que possible, les combinaisons de tracé et autres, de manière à éviter les expropriations.

B. La concession en pleine propriété, sauf les réserves indiquées à l'article 7, de toutes les terres que la Compagnie voudra acquérir au fur et à mesure de la construction de la ligne, dans une zone de 200 mètres de profondeur de chaque côté de la voie ferrée.

C. La concession en pleine propriété de 1,500 hectares de terres pour chaque kilomètre de voie ferrée construit et livré à l'exploitation. Ces terres pourront être choisies par la Compagnie, en un ou plusieurs blocs, dans n'importe quelle partie du territoire de l'Etat, sous les réserves indiquées à l'article 7 ; la Compagnie pourra faire ce choix et entrer en possession définitivement des terres choisies, soit à mesure de la mise en exploitation des diverses sections de la ligne, soit dans les 5 ans qui suivront l'achèvement total de celle-ci.

ART. 6.

Les terres qui seront affectées à l'installation de la ligne ferrée et de ses dépendances seront exemptes, pendant toute la durée de la concession, de toute taxe et impôt foncier. Les autres terres cédées à la Compagnie seront à tous égards placées sous le même régime et soumises aux mêmes dispositions légales que les autres terres appartenant à des particuliers ou à des Compagnies.

ART. 7.

Il est entendu que les terres mentionnées à l'article 3 et au litt. B. et C. de l'article 5 devront être prises parmi les terres vacantes appartenant à l'État et non occupées par les indigènes, et que les droits de location ou autres qui existeront au moment où la Compagnie fera son choix devront être respectés.

Le Gouvernement pourra exiger que le long du Congo et de ses affluents navigables, chaque bloc de terrain choisi par la Compagnie n'ait pas plus de 2.000 mètres de rive et reste séparé d'un autre bloc concédé à la Compagnie par une longueur de rive de 2.000 mètres.

Le Gouvernement se réserve d'ailleurs les emplacements qu'il jugera nécessaires pour les besoins de l'Administration, de même que ceux qu'il jugerait devoir être affectés immédiatement ou par la suite à des travaux d'utilité publique autres que ceux du chemin de fer et de ses dépendances. Il indiquera ces terres au moment où la Compagnie fera son choix.

ART. 8.

Si la Compagnie ne fait pas usage du droit d'option spécifié à l'article 4, les études du chemin de fer resteront la propriété de l'État qui pourra accorder la concession de la ligne à telle autre Compagnie qui lui conviendra, ou construire le chemin de fer lui-même, à la condition d'imposer au constructeur concessionnaire le remboursement en numéraire de la somme dépensée pour les études ou de la rembourser lui-même. Il est entendu que le subside prévu par l'article suivant cesserait dès lors d'être payé à la Compagnie.

Dans l'éventualité prévue dans le présent article, la Compagnie devra rétrocéder gratuitement les terres qu'elle aura occupées ou choisies en vertu de l'article 3; mais seulement pour autant que ces terres seront nécessaires pour la construction de la ligne ou de ses dépendances.

ART. 9.

L'Etat indépendant du Congo s'engage dès à présent et jusqu'à l'expiration de la concession éventuelle de quatre-vingt-dix-neuf ans à accorder annuellement à la Compagnie à titre de subside, vingt pour cent du produit brut des droits de sortie qu'il aura perçus pendant l'année précédente, sans que toutefois ce subside doive jamais excéder cinq pour cent du capital que cette Compagnie aura dépensé jusqu'à la fin de ladite année pour les études et éventuellement pour la construction et l'outillage de la ligne ferrée, et sans qu'il puisse y avoir report d'une année sur l'autre.

ART. 10.

La Compagnie, si elle use du droit d'option stipulé à l'article 4, tiendra une comptabilité spéciale pour l'exploitation du chemin de fer et les bénéfices réalisés par elle sur cette exploitation — le subside stipulé à l'article 9 étant compté dans les recettes — seront répartis comme suit :

1° — 5 % à la réserve légale ;

2° — 6 % d'intérêts sur les sommes versées et dépensées pour les études, la construction et l'outillage de la ligne ferrée ;

3° — Le surplus sera partagé entre l'Etat et la Compagnie au prorata de 40 % pour l'Etat et 60 % pour la Compagnie.

ART. 11.

L'Etat aura la faculté de nommer deux délégués qui auront le droit d'assister à toutes les séances du Conseil d'Aministration et du Conseil général de la Compagnie, avec voix consultative, et de prendre connaissance de tous registres et documents quelconques relatifs aux affaires de la Compagnie.

ART. 12.

Le Gouvernement reconnaît à la Compagnie une existence légale sur le territoire de l'Etat indépendant du Congo.

La Compagnie ne pourra, sous peine d'annulation des concessions et avantages qui lui sont faits par la présente convention, ni modifier ses statuts, ni se fusionner avec une autre Société, ni transférer en tout ou en partie les concessions et avantages susdits, sans l'assentiment préalable de l'Etat indépendant du Congo.

Toutefois, elle disposera librement, d'après les règles du droit commun, des terres qui lui seront concédées en vertu de l'article 3 et des litt. B et C de l'article 5, et ceux à partir du jour où elle en sera légalement propriétaire.

Ainsi fait en double expédition, au siège du gouvernement de l'Etat indépendant du Congo, à Bruxelles, le 26 Mars 1887.

Pour la Compagnie du Congo,
pour le commerce et l'industrie :

Signé : G. SABATIER,
URBAN,
A. DE ROUBAIX,
A. THYS.

Pour l'Etat
Indépendant du Congo :

Signé : STRAUCH,
H. VAN NEUSS,
E. VAN ETVELDE.

ANNEXE XIV

ARRÊTÉ AUTORISANT LA VENTE ET LA CONCESSION DE TERRAINS DOMANIAUX AU SÉNÉGAL

Nous, Gouverneur du Sénégal et dépendances,

Vu le vœu émis par le Conseil général dans sa séance du 9 janvier 1884, tendant à la révision des arrêtés de 1843 et de 1865 sur le mode de vente et de concession des terrains domaniaux de la colonie;

Vu les articles 331 et 358 du décret du 4 février 1879 instituant un Conseil général au Sénégal;

Vu la délibération de cette assemblée en date du 30 juin 1886, relative au projet d'arrêté destiné à remplacer les actes précités de 1843 et de 1865;

Vu l'article 51 de l'ordonnance organique du 7 septembre 1840;

Sur la proposition du Directeur de l'Intérieur,

Conseil privé entendu,

Avons arrêté et arrêtons :

TITRE PREMIER

Vente de terrains.

ARTICLE PREMIER

Les terrains appartenant au service local pourront être vendus, en vertu d'une décision ou d'une délibération du Conseil général.

En ce cas, la vente aura lieu par adjudication publique, sur un plan de lotissement du service des travaux et un cahier des charges du service des domaines, approuvés l'un et l'autre en Conseil privé.

La mise à prix et les autres conditions de vente, seront fixées par ledit cahier des charges.

ART. 2.

Si une première tentative d'adjudication n'a pas eu de résultat, l'administration pourra recourir à une seconde adjudication ou traiter de gré à gré, suivant l'avis de la Commission coloniale qui devra toujours être consultée.

ART. 3.

En cas de vente de gré à gré, elle sera consacrée par un acte notarié ou par un acte administratif, au choix de l'acquéreur.

Dans un cas comme dans l'autre, l'intervention du receveur des domaines sera indispensable.

La valeur des terrains sera versée à la caisse de ce comptable.

Les frais d'acte seront à la charge de l'acquéreur.

ART. 4.

Les terrains vendus seront délimités dans le délai d'un mois, aux frais de l'administration, et un extrait du procès-verbal de délimitation remis à chacun des acquéreurs.

TITRE II.

Des Concessions provisoires.

ART. 5.

Tous terrains appartenant à la colonie et dont la vente n'a pas été décidée, pourront être concédés à titre provisoire.

Les demandes des concessions provisoires seront adressées au directeur de l'Intérieur.

Elles devront être établies sur papier timbré, et appuyées d'un plan dressé par un arpenteur juré ou par un agent du service des travaux. Ce plan, vérifié par le chef du dit service, sera soumis au visa du receveur des domaines.

ART. 6.

Les demandes seront, en outre, accompagnées d'un certificat du chef de service des affaires indigènes, à Saint-Louis et à Dakar, où des commandants de cercle dans les autres localités, constatant que le terrain est vacant et n'est pas l'objet d'une revendication.

ART. 7.

Le dossier complet des demandes sera ensuite soumis au Conseil général appelé à se prononcer sur l'acceptation ou le rejet des dites demandes.

En cas d'acception, la concession sera consacrée par un acte administratif délivré par le Gouverneur, sur la proposition du Directeur de l'Intérieur, et enregistré au bureau du receveur des domaines.

Il sera également enregistré au service des affaires indigènes ou du commandant du cercle de la localité où le terrain a été concédé.

ART. 8.

Les concessionnaires devront, quelle que soit la destination donnée à leurs terrains, y faire des plantations d'arbres fruitiers ou autres, dans la proportion de vingt-cinq à trente par hectare.

ART. 9.

Les concessions sont personnelles et ne pourront être concédées sans l'autorisation de l'Administration, après avis de la Commission coloniale. Les droits du concessionnaire ne pourront être transmis, sans cette autorisation préalable qu'à ses seuls héritiers.

ART. 10.

Toute concession provisoire donnera lieu à une redevance fixée par le Conseil général au tarif des taxes locales.

Cette taxe sera acquittée annuellement et à l'avance entre les mains du receveur des domaines, si les distances le permettent ou, à défaut, à la caisse des commandants du cercle.

Toutefois, la redevance ne sera payée qu'à partir de la seconde année de concession et jusqu'au jour où la concession sera devenue définitive.

TITRE III.

Des concessions définitives.

ART. 11.

Les concessions seront définitives si, après un délai de trois années, il est constaté que le terrain, en dehors de la prescription imposée par l'article 8, a été mis en valeur, soit au moyen de cultures, soit par la création d'un établissement industriel, et qu'il est en pleine exploitation.

Cette constatation sera faite, suivant le cas, par le chef du service des affaires indigènes ou le commandant de cercle, assisté de deux experts dont l'un désigné par le Directeur de l'Intérieur et l'autre par le concessionnaire. Elle aura lieu à la diligence des intéressés.

ART. 12.

Les demandes de concessions définitives seront adressées au Directeur de l'Intérieur et devront être appuyées de l'acte de concession provisoire, du plan du terrain, et d'un procès-verbal renfermant la constatation prescrite à l'article précédent.

Ces demandes seront ensuite soumises à la plus prochaine séance du Conseil général, et si le vote est favorable, elles feront l'objet d'un acte de concession définitive délivré sous forme d'arrêté, par le Gouverneur, sur la proposition du Directeur de l'Intérieur.

Le dit acte, revêtu des formalités légales et enregistré au bureau des domaines et au service des affaires indigènes, constituera le titre de propriété du concessionnaire.

TITRE IV.

Des terrains concédés gratuitement.

ART. 13.

Les terrains noyés appartenant au domaine colonial, particulièrement ceux de l'île de Sor, pourront être concédés gratuitement, mais sous la réserve, pour les concessionnaires, de remblayer lesdits terrains à 30 centimètres au moins au-dessus du niveau des hautes eaux ordinaires.

Les concessions auront lieu par la voie du tirage au sort, sur un plan de lotissement dressé, en conformité d'un vote du Conseil général, par le service des travaux.

L'opération se fera en séance publique par les soins du Directeur de l'Intérieur et en présence du receveur des domaines. Un arrêté du Gouverneur fixera les concessions de détail et le mode de tirage au sort.

ART. 14.

Les terrains ainsi concédés pourront devenir la propriété des concessionnaires, dès qu'il sera établi que la condition imposée au paragraphe 1er de l'article 13 a été accomplie.

Cette justification se fera au moyen d'un certificat d'un agent de service des travaux ou, en cas d'impossibilité, du commandant de cercle assisté de deux experts désignés comme à l'article II.

Le titre définitif de concession sera délivré au concessionnaire, comme il est dit à l'article 12, paragraphe 2, du présent arrêté.

TITRE V.

Des terrains abandonnés.

ART. 15.

Si, à l'expiration des deux premières années, les terrains provisoirement concédés, aux termes de l'article 7, n'ont pas été mis en valeur, l'arrêté de concession pourra être rapporté.

ART. 16.

Il en est de même pour les terrains noyés qui, après le délai, n'auront pas été remblayés.

ART. 17.

L'annulation du titre n'aura lieu, toutefois, que s'il est constaté qu'aucune circonstance de force majeure n'a mis obstacle au bon vouloir du concessionnaire, et qu'il se trouve dans l'impossibilité de faire de nouvelles tentatives.

ART. 18.

Les constatations nécessaires seront faites par deux experts dont l'un désigné par l'administration et l'autre par le concessionnaire.

ART. 19.

Les terrains dont les titres auront été annulés feront retour au domaine et pourront être l'objet d'une nouvelle concession, après l'accomplissement des formalités exigées par le présent arrêté.

ART. 20.

Les concessions précédemment accordées continueront à être régies par les actes en vertu desquels elles ont eu lieu.

Toutefois, elles pourront devenir définitives dans un délai de deux années, sous la réserve des conditions exigées ci-dessus.

ART 21.

Le Directeur de l'Intérieur est chargé de l'exécution du présent arrêté dont les dispositions abrogent toutes dispositions contraires antérieures.

Saint-Louis, le 5 janvier 1887.

Par le Gouverneur : GENOUILLE

Le Directeur de l'Intérieur,

A. QUINTRIE.

ANNEXE XV

ARRÊTÉ DU 23 DÉCEMBRE 1892 RÉGLANT LE RÉGIME DE LA PROPRIÉTÉ AU DAHOMEY.

NOUS, GÉNÉRAL DE BRIGADE, COMMANDANT SUPÉRIEUR DES ÉTABLISSEMENTS FRANÇAIS DU BÉNIN, GRAND OFFICIER DE LA LÉGION D'HONNEUR ;

Vu l'article 51 de l'ordonnance organique du 7 septembre 1840 ;

Vu l'article 2 du décret du 7 septembre 1891 sur l'organisation politique et administrative de la Guinée Française et dépendances ;

Vu la décision présidentielle du 30 Avril 1892 ;

Vu la déclaration du 3 décembre 1892 prononçant la déchéance du roi Béhanzin Ahy Djéré, plaçant sous le protectorat de la France le Haut-Dahomey et annexant aux possessions de la République les territoires de Whydah, Savi, Avré, Kété, Godomey, Abomey-Calavy ;

Ensemble les arrêtés du 18 février 1890, relatif aux concessions de terrains et du 22 décembre 1892 ;

Considérant que le régime de la propriété au Dahomey était basé sur le principe de l'indéniabilité du sol, sauf en ce qui concerne les concessions garanties par traités aux forts français, anglais, portugais ;

Attendu qu'il importe, pour sauvegarder les intérêts de nos nationaux, de régulariser une situation mal définie et d'étendre aux territoires annexés les principes de la législation française ;

Sur les propositions du Lieutenant-Gouverneur,

AVONS ARRÊTÉ ET ARRÊTONS :

Article premier.

Dans les six mois qui suivront la publication du présent arrêté, les Européens ou indigènes qui se prétendent propriétaires d'immeubles dans les territoires annexés devront déposer leurs titres ou faire valoir leur droit entre les mains des autorités locales.

Art. 2.

Les ventes ou autres actes translatifs d'immeubles, passés sous seing privé et consentis à des particuliers, au nom des rois du Dahomey, ou d'indigènes se prétendant propriétaires, seront examinés par une commission *ad hoc* dont la composition sera déterminée ultérieurement.

Art. 3.

La commission pourra déclarer régulièrement en la forme des titres remontant avec date certaine à une époque antérieure au 3 décembre 1892, et constatant le droit de propriété, la situation précise, la contenance et les limites de l'immeuble.

Art. 4.

La preuve testimoniale pourra être admise pour la validation des droits sur les propriétés actuellement occupées si elle est justifiée par une possession continue et non interrompue, paisible, publique mais non équivoque.

Art. 5.

Toute action en nullité ou en rescision de ventes antérieures au présent arrêté ou en revendication d'immeubles compris dans ces ventes, devra, sous peine de déchéance être intentée dans l'année qui suivra la publication du présent arrêté.

Les ventes qui auront lieu à l'avenir demeurent soumises aux dispositions du code civil.

Art. 6.

Tous nouveaux titres de propriété ou actes de validation

délivrés par la commission sont soumis à la formalité de l'enregistrement.

ART. 7.

Tout immeuble non réclamé fait partie du domaine de la colonie.

ART. 8.

Les concessions de terrains pourront être accordées dans les territoires annexés, aux européens ou indigènes qui en feront la demande dans les conditions stipulées par l'arrêté du 18 février 1890.

Fait à Porto-Novo, le 23 décembre 1892.

Le Général commandant supérieur,

A. DODDS.

Par le Général commandant supérieur :

Le Lieutenant-Gouverneur,

VICTOR BALLOT.

ANNEXE XVI

LISTE DES SOCIÉTÉS ANONYMES AYANT POUR OBJET DES EXPLOITATIONS DANS L'ÉTAT INDÉPENDANT DU CONGO

DÉNOMINATION DES SOCIÉTÉS	DATE DE LEUR FONDATION	CAPITAL SOCIAL
Nieuwe Rotterdamsche Handels Veunootschap	1880	6,000,000 florins
Compagnie Portugaise du Zaire	24 janvier 1885	2,500,000 reis
Compagnie pour le Commerce et l'Industrie.	27 décembre 1886	1,227,000 francs
Compagnie des Magasins Généraux	28 décembre 1888	1,200,000 —
Société anonyme belge pour le Commerce du Haut-Congo . .	10 décembre 1898	5,050,000 —
Chemin de fer du Congo . . .	31 juillet 1889	30,000,000 —
Compagnie des produits du Congo	29 novembre 1889	1,200,000 —
Compagnie du Katanga. . . .	15 avril 1891	3,000,000 —
Société Anversoise du Commerce	2 août 1892	1,700,000 —
Anglo Belgian India Rubber Cy (A. B. I. R.)	6 août 1892	1,000,000 —
Produits végétaux du Haut-Kassai	26 mai 1894	1,200,000 —
Belgika.	15 novembre 1894	2,000,000 —
Compagnie Belge Maritime du Congo	24 janvier 1895	2,100,000 —
Comptoir Commercial Congolais	26 juillet 1895	500,000 —
Société anonyme d'Agriculture et des Plantations du Congo .	30 juin 1896	600,000 —
Congolia	19 août 1897	250,000 —

DÉNOMINATION DES SOCIÉTÉS	DATE DE LEUR FONDATION	CAPITAL SOCIAL
Compagnie Anversoise des Plantations du Lubefu	1er décembre 1897	600,000 francs
Société Générale Africaine . .	décembre 1897	3,000,000 —
Compagnie Agricole de l'Ouest Africaine	28 décembre 1897	400,000 —
Société anonyme de la Djuma .	29 décembre 1897	250,000 —
Kassaienne	27 janvier 1898	150,000 —
Compagnie Générale Coloniale .	12 février 1898	750,000 —
« Cecai » Compagnie d'extension agricole.	17 mars 1898	400,000 —
Centrale Africaine.	14 avril 1898	300,000 —
Société équatoriale Congolaise (Ilebemka).	28 avril 1898	400,000 —
Compagnie du Lomani	5 juillet 1898	3,000,000 —
Société anonyme Trafic Congolais	14 juillet 1898	100,000 —
Société anonyme l'Africaine . .	31 août 1898	3,000,000 —
Société anonyme des Verreries Coloniales	18 août 1898	280,000 —
Société anonyme Crédit Commercial Congolais	20 septembre 1898	1,200,000 —
Société de la Lulouga	22 octobre 1898	300,000 —
Société de l'Ikelamba	29 octobre 1898	300,000 —

Imprimerie Moderne d'Arras, 7, place du Wetz-d'Amain.

IMPRIMERIE MODERNE D'ARRAS

www.ingramcontent.com/pod-product-compliance
Ingram Content Group UK Ltd.
Pitfield, Milton Keynes, MK11 3LW, UK
UKHW020337230726
13925UKWH00002B/837

9 782013 433884